Coleção Terra Brasilis

VOLUME I

D0800233

A VIAGEM DO DESCOBRIMENTO

A verdadeira história da expedição de Cabral

Consultor técnico da coleção Terra Brasilis:
Ronaldo Vainfas
Professor titular de História Moderna
na Universidade Federal Fluminense

Direitos em língua portuguesa para o Brasil,
adquiridos por EDITORA OBJETIVA LTDA.,
rua Cosme Velho, 103 - Rio de Janeiro - RJ - CEP: 22241-090
Tel.: (021)556-7824 - Fax: (021) 556-3322
INTERNET: http://www.objetiva.com
© COLEÇÃO TERRA BRASILIS. USO AUTORIZADO POR EDIOURO S.A.

PROJETO GRÁFICO, ARTE FINAL E CAPA

ANA ADAMS

ILUSTRAÇÃO DA CAPA

ALBERTO ROQUE GAMEIRO

EDITORAÇÃO ELETRÔNICA

RAFAEL GALLINA

TRATAMENTO DE IMAGENS

JANICE ALVES

REVISÃO

RUBENS SÍLVIO COSTA

TEREZA DE FÁTIMA DA ROCHA

IZABEL CRISTINA ALEIXO

CIP-BRASIL. CATALOGAÇÃO-NA-FONTE
SINDICATO NACIONAL DOS EDITORES DE LIVROS, RJ.

B941v

Bueno, Eduardo
    A viagem do descobrimento : a verdadeira história da expedição
de Cabral / Eduardo Bueno. – Rio de Janeiro : Objetiva, 1998
    140p. : il.. - - (Coleção Terra Brasilis ; 1)

    Inclui apêndices e bibliografia
    ISBN 85-7302-202-7

    1. Brasil – História – Descobrimento, 1500. 2. Portugal –
História – Período de descobertas, 1385-1580. 3. Descobertas
geográficas portuguesas. I. Título. II. Série.

98-0893.   CDD 981.01
                                                CDU 981

Sumário

Um Morro ao Final da Páscoa

Como tapetes flutuantes, elas surgiram de repente, em "muita quantidade",[1] balançando nas águas translúcidas de um mar que refletia as cores do entardecer. Os marujos as reconheceram de imediato, antes que sumissem no horizonte: chamavam-se *botelhos* as grandes algas que dançavam nas ondulações formadas pelo avanço da frota imponente. Pouco mais tarde, mas ainda antes que a escuridão se estendesse sobre a amplitude do oceano, outra espécie de planta marinha iria lamber o casco das naves, alimentando a expectativa e desafiando os conhecimentos daqueles homens temerários o bastante para navegar por águas desconhecidas. Desta vez eram *rabos-de-asno*: um emaranhado de ervas felpudas "que nascem pelos penedos do mar".[2] Para marinheiros experimentados, sua presença era sinal claro da proximidade de terra.

Se ainda restassem dúvidas, elas acabariam no alvorecer do dia seguinte, quando os grasnados de aves marinhas romperam o silêncio dos mares e dos céus. As aves da anunciação, que voavam barulhentas por entre mastros e velas, chamavam-se *fura-buxos*. Após quase um século de navegação atlântica, o surgimento dessa gaivota era tido como indício de que, muito em breve, algum marinheiro de olhar aguçado haveria de gritar a frase mais aguardada pelos homens que se fazem ao mar: "Terra à vista!".

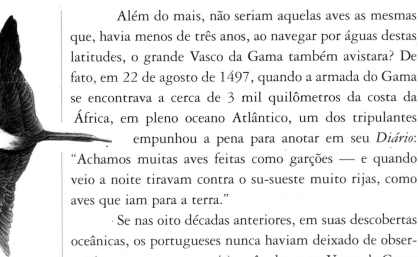

Além do mais, não seriam aquelas aves as mesmas que, havia menos de três anos, ao navegar por águas destas latitudes, o grande Vasco da Gama também avistara? De fato, em 22 de agosto de 1497, quando a armada do Gama se encontrava a cerca de 3 mil quilômetros da costa da África, em pleno oceano Atlântico, um dos tripulantes empunhou a pena para anotar em seu *Diário*: "Achamos muitas aves feitas como garções — e quando veio a noite tiravam contra o su-sueste muito rijas, como aves que iam para a terra."

Se nas oito décadas anteriores, em suas descobertas oceânicas, os portugueses nunca haviam deixado de observar (e quase sempre seguir) o vôo das aves, Vasco da Gama deve ter tido a certeza de que, caso desviasse ainda mais para oeste a rota que o estava conduzindo ao Cabo da Boa Esperança (o ponto extremo sul da África) e daí para a Índia, fatalmente iria deparar com alguma terra — se uma ilha ou um continente ainda era impossível saber.

Mas o fato é que, por quase um século, em sua busca pelo caminho marítimo para as Índias, os lusos haviam navegado sempre em direção ao Oriente. E não seria naquele momento — depois que a fórmula para contornar a África fora enfim descoberta e a rota que conduzia à Índia se tornava cada vez menos nebulosa — que Gama iria alterar seu rumo e partir em direção às terras que, cinco anos antes, o genovês Cristóvão Colombo descobrira em nome da Espanha. A nova exploração deveria ficar para depois.

Mas agora oito meses já se haviam passado desde o glorioso retorno de Vasco da Gama a Lisboa — após ele ter de fato, e enfim, desvendado a rota marítima que levava da

Botelhos são algas da família das fucáceas. Seu nome científico é fucus vesiculosus *porque, em suas extremidades, essas algas possuem "vesículos" cuja forma se assemelha a uma garrafa. A palavra botelho veio do espanhol* boteja, *que significa justamente "garrafa". Já as algas chamadas de "rabos-de-asno" nunca foram apropriadamente identificadas pelos estudiosos da Carta de Pero Vaz de Caminha, na qual foram citadas, junto com os botelhos, como as ervas marinhas que deram aos homens de Cabral a certeza de que se encontravam próximos da terra. Fura-buxos, as aves da anunciação do Brasil, são gaviotas do gênero* Puffinus anglorum, *de plumagem negra no dorso e cabeça tingida de branco, muito comuns nos Açores e no litoral do Nordeste do Brasil.*

Europa às fabulosas riquezas da Índia. E era justamente sob suas instruções que navegavam as 13 naus da frota comandada por Pedro Álvares Cabral. Num baú, trancado em seu camarote, Cabral mantinha o manuscrito que o próprio Gama lhe confiara em Lisboa. Para escapar das enervantes calmarias do golfo da Guiné — com suas correntes contrárias e seu calor insalubre —, Cabral fora aconselhado pelo mestre a navegar para oeste, fazendo o que viria a se chamar de "a volta do mar", antes de guinar para sudeste e contornar o cabo amedrontador que, anos antes, o rei D. João II rebatizara de "da Boa Esperança", mas que os marinheiros, mais pragmáticos e menos protegidos, ainda conheciam por "Cabo das Tormentas".

Embora sua missão fosse instalar um entreposto português no coração do reino das especiarias, em Calicute, na Índia, nada impedia Cabral de, naquele instante, prosseguir mais algumas léguas para oeste. Ele poderia investigar então a existência daquelas terras cuja presença Gama intuíra, inspirado não apenas por boatos seculares, mas pela própria desenvoltura com que as aves voavam no rumo do sudoeste. Como se tais indicações não fossem o bastante, as ervas flutuantes e a vivacidade dos fura-buxos logo foram consideradas pelos homens de Cabral como mais do que um simples presságio.

Quarenta e dois dias já se haviam passado desde que a armada chefiada por Pedro Álvares Cabral se lançara ao mar com destino à Índia. Com 10 naus e três caravelas, era a maior e mais poderosa frota que Portugal jamais enviara para singrar o Atlântico. Embora apenas duas sema-

Embora as caravelas tenham sido os navios mais utilizados durante o período inicial das descobertas lusas, as naus se tornariam os navios mais usados durante o período áureo das expedições marítimas. As naus (do latim nave) eram uma evolução das caravelas e chegaram a ter 600 toneladas no auge da "Carreira da Índia", sendo então substituídas por imensos galeões (alguns dos quais tinham 1.200 t. e 40 bocas-de-fogo). A capacidade dos navios do século XVI era medida pelo número de tonéis que eles levavam a bordo. O tonel era um barril de 1,2 m de comprimento por 80 cm de diâmetro.

nas após a partida uma das *naus* houvesse desaparecido — "comeu-a o mar", na frase poética e terrível de então —, a jornada fora rápida e tranqüila. Nada ocorrera — nem temporais, correntes ou ventos bravios — que pudesse justificar um desvio involuntário de rota. E como atribuir um avanço tão resoluto para oeste a um erro de cálculo se a esquadra estava sob o comando dos pilotos mais habilidosos de seu tempo?

Cinco dias antes do surgimento das ervas e das aves, a frota tinha vencido uma data muito temida pelos mareantes — mas o céu não escurecera nem trovões ribombaram naquela Sexta-Feira Santa, 17 de abril de 1500. Durante toda a Quaresma, os sacerdotes de bordo — sob o comando de frei Henrique de Coimbra — haviam tido tempo de sobra para apregoar sua liturgia de mistérios e consolações. Aqueles homens de batinas negras recitaram ladainhas e restringiram as absolvições. Um temor reverencial semeou-se na alma dos viajantes. "Se queres aprender a orar, faça-te ao mar", dizia um ditado da época. A bordo, durante vários dias, houve jejum e penitência.

No domingo de Páscoa, porém, a ressurreição de Cristo pôde ser comemorada com uma missa solene, celebrada no convés da nau-capitânia, entre os mais ricos paramentos e os mais belos castiçais. O órgão de frei Maffeu, um dos oito frades da frota, modulou a música sacra, cuja melodia barroca ecoou nos corações e mentes dos soldados e da marinhagem, dos degredados e dos comandantes. As rações foram melhoradas — a marmelada deixou os caixotes e foi distribuída entre os cerca de 1.350 homens embarcados nos

agora 12 navios; os canecões de vinho rodaram com alguma liberalidade. A essas alturas, sem que ainda se pudesse saber, a armada estava a uns 250 quilômetros da costa, na altura daquela que, poucos anos mais tarde, viria a ser chamada de Bahia de Todos os Santos.

Os mantos de ervas flutuantes surgiram à frente da frota na terça-feira, 21 de abril, apenas dois dias após a celebração da Páscoa. Ventava leste franco — o que significava que a esquadra de Cabral poderia navegar com facilidade para oeste, sem pôr em risco o objetivo de atingir a Índia o mais rápido possível.

Na manhã seguinte, 22 de abril, com o vento ainda soprando de leste, o vôo rasante dos fura-buxos levou os homens a repicarem os sinos e se apinharem nos tombadilhos. Ao contrário de Colombo, que "não conhecera o sono"[3] ao longo dos 36 dias em que navegara pelo Atlântico disposto a concretizar o sonho impossível de atingir as Índias pelo rumo do poente, não há indícios de que Cabral não tenha dormido noites impávidas durante os 43 dias em que estivera em alto-mar.

Ainda assim, e talvez por isso mesmo, enquanto o alvoroço tomava conta dos embarcadiços, Pedr'Álvares, de 32 anos, mais um militar do que propriamente navegador, ajoelhou-se em frente à *imagem* da Nossa Senhora da Esperança, que ele próprio escolhera como padroeira da viagem e mandara entronizar num altar erguido no convés da capitânia.[4] Era uma oração legítima: os santos do céu (e os deuses do mar) pareciam de fato estar do seu lado.

Então, a cerca de 70 quilômetros da costa, nas *horas de véspera*, mais com alívio e prazer do que com surpresa ou espanto, o capitão e seus pilotos, os marinheiros e os soldados, os sacerdotes e os degredados, acotovelados todos à mureta das naus, puderam vislumbrar o cume de "um grande monte mui alto e redondo"[5] erguendo-se no horizonte longínquo. Ao entardecer, depois de avançar cautelosamente por mais 40 quilômetros, a frota deparou com outras serras, mais baixas, esparramando-se ao sul do grande monte. Silhuetadas contra o crepúsculo, cercadas por "terras chãs",[6] elas surgiram vestidas por um arvoredo denso que avançava quase até o limite das águas claras, das quais as separava apenas uma estreita faixa de areia.

A seis léguas da costa (ou cerca de 36 quilômetros), a armada lançou âncoras. Elas mergulharam 34 metros no mar esverdeado antes de tocar o fundo arenoso.

Estava descoberto o Brasil.

Que significado teve essa descoberta?

Na verdade, não apenas naquele exato instante mas pelas três décadas seguintes, ela representaria pouco mais do que um intervalo idílico em meio a uma longa e tediosa navegação oceânica. Mas, para além do impacto que a mera existência de um oásis em meio ao oceano há de ter provocado nos homens que a vislumbraram depois de mais de um mês em alto-mar, o "achamento" daquela terra não iria, a princípio, se revestir de maior importância — e muito

"Horas de véspera" era uma das sete partes em que se dividiam as horas canônicas. Equivaliam ao período entre 15 horas e o pôr-do-sol.

A ilha do Brasil, ou ilha de São Brandão, ou ainda Brasil de São Brandão, era uma das inúmeras ilhas que povoavam a imaginação e a cartografia européias da Idade Média, desde o alvorecer do século IX. Também chamada de "Hy Brazil", essa ilha mitológica, "ressonante de sinos sobre o velho mar", se "afastava" no horizonte sempre que os marujos se aproximavam dela. Era, portanto, uma ilha "movediça", o que explica o fato de sua localização variar tanto de mapa para mapa. Segundo a lenda, Hy Brazil teria sido descoberta e colonizada por São Brandão, um monge irlandês que partiu da Irlanda para o alto-mar no ano de 565. Como São Brandão nascera em 460, ele teria 105 anos quando iniciou sua viagem. O nome "Brazil" provém do celta bress, *que deu origem ao verbo inglês* to bless *(abençoar). Hy Brazil, portanto, significa "Terra Abençoada". Desde 1351 até pelo menos 1721 o nome Hy Brazil podia ser visto em mapas e globos europeus, sempre indicando uma ilha localizada no oceano Atlântico. Até 1624, expedições ainda eram enviadas à sua procura.*

menos alterar o rumo e o espírito da missão da qual a frota de Cabral fora incumbida.

Em primeiro lugar, se já não era conhecida, a existência desta "nova" terra era, quando menos, previsível. Muitos anos antes de Vasco da Gama ter avistado aves voando "muito rijas" em meio ao oceano, os portugueses estavam convictos de que outras ilhas deveriam existir a oeste dos Açores e da Madeira — onde os ventos, por vezes, faziam aportar troncos com entalhes misteriosos. A questão é que parecia não valer a pena explorá-las. A Índia — com suas especiarias e suas sedas — com certeza ficava na direção oposta.

Portanto, ao visualizarem aquele morro — que, de início, julgaram ser parte de uma ilha —, Pedr'Álvares e seus comandantes não foram tomados de grande perplexidade. Talvez nem mesmo a soldadesca inculta: desde o alvorecer do século IX, a imaginação e a cartografia européias povoavam de ilhas as amplitudes desconhecidas do Atlântico — e a mais famosa delas se chamava *ilha do Brasil*. Aquele mar de árvores verdejantes, que agora balançava à frente das naus, deveria se erguer do solo de uma dessas ilhas tão faladas.

Assim, quase meio século se passaria antes que os 10 dias durante os quais a armada de Cabral esteve ancorada nas enseadas paradisíacas da ilha de Vera Cruz viessem a ser considerados muito mais do que um simples "parêntese" em meio à obsessiva busca dos lusitanos pela Índia. De fato, foi somente três décadas após o avistamento do Monte Pascoal — quando o fracasso comercial da "empresa das Índias" começou a se configurar — que o Brasil não

13

só deixou de ser visto como uma conseqüência fortuita da grande saga dos descobrimentos como se tornou, progressiva e incontestavelmente, o cerne e o coroamento da aventura ultramarina dos portugueses.

Porém, naquele momento — agora que a noite caíra, trazendo consigo os perfumes misteriosos da terra, e as naus balouçavam na escuridão em frente à costa, com os homens aguardando, insones, que o amanhecer lhes revelasse outra vez os fascínios do trópico —, ninguém a bordo tinha condições de supor que os portugueses haviam acabado de aportar diante do terceiro continente ao qual seu resoluto processo expansionista os tinha conduzido.

Mas como imaginar, então, que o processo que estava para se iniciar na manhã seguinte seria o princípio da integração do Brasil ao mundo atlântico, ao circuito mercantil e à civilização européia? Tal profecia era de todo inimaginável — embora fosse ela que, 44 dias e 7 mil quilômetros antes, num domingo ensolarado, em pleno coração de Lisboa, tivesse começado a se concretizar.

O PORTO DE PARTIDA

De fato, o dia 8 de março de 1500 caiu num domingo. A data fora cuidadosamente escolhida para que Lisboa, já então o principal centro da expansão ultramarina da Europa, pudesse se rejubilar em festejos e celebrações. Fazia apenas oito meses que os dois navios da esquadra de Vasco da Gama tinham retornado àquele mesmo porto da praia do Restelo, junto ao rio Tejo, trazendo a notícia de

que era possível atingir a Índia após circunavegar a África. Os 240 dias que se seguiram ao retorno de Gama foram os mais promissores que Portugal vivera desde a gloriosa conquista de Ceuta, em Marrocos, 85 anos antes. A certeza de que a Índia podia ser alcançada por mar era a recompensa por quase um século de esforços ininterruptos; a coroação de uma aventura que exigira grandes conquistas náuticas custara muito dinheiro e reclamara centenas de vidas.

Com a certeza de que o prêmio por tanto empenho estava ao alcance da mão, o rei D. Manoel I queria que todos — inclusive os espiões da Espanha e de Veneza, os representantes dos comerciantes genoveses e os agentes ingleses, além do povo em geral — vislumbrassem a gloriosa partida de sua nova missão, comercial e guerreira, ao reino das especiarias. Por isso, desde a tarde anterior, a pequena capela da *Ermida de São Jerônimo* — que, havia quase 100 anos, o Infante D. Henrique, padroeiro de todas essas conquistas, mandara construir às margens do Tejo — tinha sido suntuosamente decorada por artífices e tapeceiros. À direita do altar, um dossel (espécie de toldo) fora erguido para abrigar o próprio D. Manoel e sua corte. Toda a população de Lisboa fora convocada a presenciar a partida da esquadra.

Por volta das 9 horas de uma manhã radiosa, o cortejo real — rutilante de ouro e veludo — chegou à capela, onde já se encontravam os capitães da frota e banqueiros opulentos que financiavam boa parte daquela caríssima expedição. Ao altar subiu D. Diogo Ortiz, bispo de Ceuta, matemático e cosmógrafo. Junto com os astrólogos Abraão Zacuto e José Vizinho, ele fora um dos consultores que, em 1487, vetara a aprovação ao delírio de Cristóvão Colombo — que pretendia atingir as Índias navegando para Oeste.

Após o sermão, pronunciado à luz de tochas, D. Diogo benzeu uma bandeira da Ordem de Cristo — ordem militar originária dos Cavaleiros Templários da Idade Média — e, retirando-a do centro do altar, a entregou a el-Rei. D. Manoel passou-a então a Pedro Álvares Cabral, o nobre cavaleiro que ele escalara para chefiar aquela missão e que havia convidado para sentar junto a si, sob a cortina franjada do dossel. A seguir, depois de o rei ter oferecido ao comandante também a touca vermelha usada por clérigos e cardeais — que fora benta pelo próprio Papa e era chamada de "barrete" —, todo o grupo, carregando cruzes e relíquias, saiu em lenta procissão rumo ao porto.

Lá fora, a praia do Restelo fervilhava. Essa agitação febril foi descrita em minúcias pelo grande cronista real João de Barros, segundo todas as probabilidades uma testemunha ocular da cena. "A maior parte do povo de Lisboa, por ser dia de festa e mais tão celebrada por el-Rei, cobria aquelas praias e campos de Belém", anotou Barros no primeiro volume de sua obra clássica, *Décadas da Ásia*. "E muitos, em batéis que rodeavam as naus, levando uns, trazendo outros, assim serviam todos com suas librés (*uniformes da criadagem real*) e bandeiras de cores diversas, que não parecia mar, mas um campo de flores, com a frol (*o conjunto*) daquela mancebia juvenil que embarcava. E o que mais levantava o espírito destas cousas, eram as trombetas, atabaques, cestros, tambores, flautas, pandeiros e até gaitas cuja ventura foi andar em os campos no apascentar (*pastorear*) dos gados, naquele dia tomaram posse de ir sobre as águas salgadas do mar, porque para viagem de tanto tempo tudo os homens buscavam pera tirar a tristeza do mar. Com as quais diferenças que a vista e ouvidos sentiam, o coração de todos estava entre prazer e lágrimas, por ser essa a mais formosa e poderosa armada que até aquele tempo para tão longe deste reino partira."

Era, de fato, uma armada imponente: vistas das alturas da Alfama, um dos bairros altos de Lisboa, sob a luminosidade daquele fim de inverno, as dez naus e as três caravelas balouçavam no contraluz das águas do rio Tejo, em frente ao Restelo, que o mesmo Barros chamara de "praia das lágrimas para os que vão, e terra do prazer para os que vêm".

É lícito supor que muitos dos jovens que em breve embarcariam na frota de Cabral tenham estado naquele mesmo porto ainda crianças, em dezembro de 1488, quando a ele retornara Bartolomeu Dias com a notícia de que a África podia ser contornada. E quantos deles, mais crescidos, não haviam decidido fazer-se ao mar apenas nove meses antes, no momento em que Nicolau Coelho, antecipando-se ao próprio Gama, chegara a Lisboa, em 10 de julho de 1499, alardeando que a Índia fora enfim atingida? Dando à cena a coerência que, desde o início, caracterizou os descobrimentos lusos, tanto Coelho como Dias já estavam se preparando para subir novamente a bordo.

A palavra "monção" vem do árabe mauasin e quer dizer "estação do ano em que se dá determinado fato".

Por causa de seu regime regular, foram batizados de "monções" os ventos que sopram no sul da Ásia, especialmente na Índia. No verão (de junho a agosto), a monção sopra do mar em direção ao continente e se chama "monção marítima". Era ela que conduzia os navios da África para a Índia. No inverno (de dezembro a fevereiro), a monção inverte de direção, soprando do continente para o mar. Esta era a "monção continental", usada para fazer a viagem de volta da Índia à África. Embora conhecidas desde a Antiguidade pelos marinheiros árabes, as monções só foram estudadas pelo geógrafo grego Hippalus no século II da era cristã. O conhecimento das monções, transmitido pelos árabes aos portugueses, foi fundamental para a conquista lusitana da Índia.

A esquadra que Cabral iria comandar era, mais exemplarmente do que qualquer outra armada até então, um pedaço flutuante de Portugal. Conduziria em seu bojo gente de todos os extratos sociais, numa divisão rigidamente hierárquica, desde nobres até degredados. No topo dessa pirâmide, logo abaixo do comandante, estavam os capitães das 12 demais embarcações. Alguns poucos — entre os quais Nicolau Coelho, Bartolomeu Dias e seu irmão Diogo — haviam sido escolhidos por sua destreza no mar. Os demais — como ocorreria desde as frotas armadas no século anterior pelo Infante D. Henrique — ocupavam o cargo em função da complexa teia de suas ligações familiares e da "qualidade de seu sangue". Esses, em geral, eram membros da Ordem de Cristo.

A esquadra fora armada às pressas. Do final do verão de 1499 aos últimos dias do inverno de 1500, os estaleiros da Ribeira das Naus, localizados às margens do Tejo, rio acima, haviam trabalhado noite e dia para construir ou aparelhar as vastas naus e as pequenas caravelas da frota. Havia motivos específicos para tanta impaciência: primeiro, os pilotos árabes que Vasco da Gama capturara em Melinde (no atual território do Quênia) lhe revelaram que só era possível realizar a travessia da África para a Índia, navegando pelo Índico, durante as *monções de verão*. E faltavam apenas quatro meses para que os ventos, que agora sopravam de leste para oeste, mudassem de direção naquele oceano longínquo além da África. Portanto, a frota de Cabral deveria partir de Portugal antes do final de março — ou adiar a viagem para o ano seguinte.

Em segundo lugar, D. Manoel ficara preocupado com a guerra que rebentara entre Vasco da Gama e o Samorim ("senhor do mar") de Calicute. Ao apresentar-se diante daquele orgulhoso soberano hindu, em maio de 1498, Gama dissera ser o representante de um rei "muito rico e poderoso", mas chegara à Índia navegando em navios pequenos e mal aparelhados. O Samorim desprezou os presentes simplórios que Gama lhe ofereceu e virtualmente o ignorou. Ofendido, o capitão português retornou ao navio e fez soar seus canhões. Informado desses incidentes pelo próprio Vasco, D. Manoel decidiu enviar o mais rapidamente possível uma frota "muito poderosa em armas e em gente luzidia"[7] — não só pronta para a guerra como repleta de presentes caros e capitães de linhagem nobre.

O Rei Bem-Aventurado

Apesar do incidente em Calicute, D. Manoel, no fulgor de seus 30 anos, vivia dias de glória. Assim que Vasco da Gama retornou da Índia, no segundo semestre de 1499, o monarca adicionou a seu título de "rei de Portugal e dos Algarves" a designação de "Senhor da Conquista, Navegação e Comércio da Etiópia, Arábia, Pérsia e da Índia". O povo logo o chamaria de "*o Venturoso*", já que em seu reinado Portugal haveria de concretizar sonhos tão longamente acalentados. Apesar das oposições da corte, que consideravam as navegações dispendiosas demais, fora D. Manoel quem tomara a decisão de reiniciar as viagens oceânicas, que haviam sido suspensas entre 1488 e 1497.

Que D. Manoel ardia em ambição e impaciência, num delírio de grandeza, é algo que fica claro na carta que ele enviara aos Reis Católicos — seus parentes e rivais —, relatando os feitos da frota de Gama: "(...) acharam e descobriram a Índia e outros reinos", contava D. Manoel. "Acharam grandes cidades de grandes edifícios, ricos e de grande povoação, nas quais se faz todo o trato de especiaria e pedraria (...) e trouxeram canela, cravo, gengibre e outros modos de especiaria (...) e muita pedraria fina de todas as sortes, rubis e outros; e ainda acharam terras em que há minas d'ouro (*no caso, Sofala, em Moçambique*)."

É provável que fossem tais riquezas que enchiam a mente de D. Manoel no instante em que, após a missa, ele percorria a pequena distância que separava a capela de Belém da praia do Restelo. Durante essa caminhada, o rei permitiu que Pedro Álvares Cabral se mantivesse ao seu lado. D. Manoel e o homem que ele escolhera para comandar aquela nova viagem haviam tido várias entrevistas privadas. Cabral fora informado de que o primeiro objetivo de sua missão era impressionar o Samorim com a pujança da frota lusitana. Nas instruções que o rei lhe passara estava escrito claramente: "Ireis ancorar em Calicute com vossas naus juntas e metidas em grande ordem, assim de bem armadas, como de vossas bandeiras e estandartes, e o mais louças (*elegantes*) que poderdes."

Mas D. Manoel não ignorava que seria preciso mais do que um aparato vistoso para convencer os rajás hindus da riqueza de Portugal. Por isso, mandara abarrotar os cofres das naus — e eles estavam agora reluzentes em ouro amoedado. Inúmeras e variadas moedas — "os justos e os espadins de D. João II, os cruzados e os portugueses do próprio D. Manoel (que haviam sido cunhados para celebrar o descobrimento da Índia); as dobras castelhanas, os florins de Aragão, as coroas flamengas, os ducados de Veneza e até as dobras mouriscas"[8] — cintilavam em baús de prata. Rei algum jamais investira tanto numa viagem.

Com a certeza de que Cabral iria obter na Índia — pela sedução do ouro ou pela eficácia das armas — o monopólio do comércio de especiarias, D. Manoel, como se antevendo o papel que Lisboa viria a desempenhar no jogo de trocas planetárias, já dera início ao plano grandioso de "alargar, polir e enobrecer"[9] a capital lusitana. De fato, os observadores mais atentos que acorressem ao porto naquele dia de festa já vislumbrariam os alicerces do Mosteiro dos Jerônimos de Belém — prédio que, após sua conclusão, em 1517, seria a maior jóia da arquitetura manoelina. O templo, resplandescente em alvura, seria erigido para comemorar o sucesso de Vasco da Gama e a descoberta do caminho marítimo para as Índias.

A menos de um quilômetro do local reservado ao mosteiro surgiam também as bases da *Torre de Belém*, plantadas em pleno Tejo. A Torre, erguida para defender a cidade, era uma homenagem ao Infante D. Henrique, o padrinho de toda aquela aventura humana. Depois de cruzar pelos areais junto ao Tejo, que ele transformara em canteiro de obras, D. Manoel, esperançoso e altivo, estendeu a mão uma última vez para que Cabral e seus capitães a beijassem. No local chamado de "Praia da Saudade", o monarca se despediu dos homens que incumbira de tão importante missão.

A TORRE DE COMANDO

A Torre de Belém foi encomendada por D. Manoel para ser uma fortaleza, erguida em pleno Tejo. Sua construção prolongou-se de 1515 a 1521. A Torre tornou-se o ponto de partida das grandes expedições do período áureo da expansão lusa, e virou um dos maiores símbolos das grandes conquistas de Portugal. Enfeitada de cordas esculpidas em pedra, possui sacadas rebuscadas e torres de vigia em estilo mourisco.

1

De Lisboa a Vera Cruz

A armada de Cabral, ancorada em frente ao Restelo, com seus cordames rangendo a "saudosa balada da partida",[1] estava constituída por duas divisões. A primeira, composta por cinco naus, duas caravelas, uma nau mercante e uma naveta de mantimentos, além da nau capitânia e da sota-capitânia, partiria para Calicute, na Índia, com a missão de estabelecer relações comerciais com o Samorim e fundar uma feitoria. A segunda divisão, constituída por apenas uma nau e uma caravela redonda, destinava-se à cidade de Sofala, em território hoje pertencente a Moçambique.

Na nau capitânia, com capacidade para 250 tonéis, seguiam, além de Pedro Álvares Cabral e sua guarda pessoal (formada, provavelmente, por um pelotão de sete besteiros[2]), cerca de 80 marinheiros e 70 soldados, aos quais se somavam 33 outros passageiros, entre eles sete serviçais, dois degredados, oito frades franciscanos e oito intérpretes (com destaque para Gaspar da Gama, "o judeu da Índia", que vivera em Calicute por cerca de 30 anos e lá fora capturado por Vasco da Gama em 1498, e Gonçalo Madeira, "o mouro cristão de Tânger", aprisionado pelos portugueses em Marrocos por volta de 1478). Também a bordo da capitânia estavam os oito futuros funcionários da feitoria de Calicute, liderados pelo fidalgo Aires Correia, feitor-mor do entreposto cuja fundação era o principal objetivo da viagem. Entre esses funcionários contava-se um certo Pero Vaz de Caminha, que deveria ser o futuro escrivão (ou contador) da feitoria. Ao todo, havia cerca de 190 homens a bordo do navio.

Alguns historiadores acreditam que Cabral teria viajado na nau *São Gabriel* — a mesma com a qual Vasco da Gama chegara à Índia, dois anos antes. A questão ainda não foi (e talvez jamais venha a ser) esclarecida. Mas parece pouco provável que, se a nau capitânia fosse de fato a lendária *São Gabriel*, nenhum dos cronistas da expedição tenha se referido especificamente a esse fato.

A nau sota-capitânia, chamada *El-Rei*, tinha capacidade para 200 tonéis, conduzia 160 homens e era comandada por Sancho de Tovar, vice-comandante da armada. Tovar era um nobre castelhano que se refugiara em Portugal depois de matar o juiz que havia confiscado todos os bens de sua família e mandara degolar seu pai, Martim Fernandes de Tovar. Na luta sucessória entre Afonso V, de Portugal, e Fernando e Isabel, respectivamente de Aragão e Castela, Martins Fernandes decidira ficar do lado do monarca luso. Foi condenado à morte depois que Afonso V e os chamados Reis Católicos firmaram um acordo, em 1479. Após ter vingado o pai, Sancho de Tovar foi acolhido na corte lusitana, por volta de 1481.

A indicação de um refugiado castelhano para um cargo tão importante levou certos historiadores a supor que, ao nomear Sancho de Tovar como vice-comandante da

armada, D. Manoel lutava para manter acesa a chama tênue que lhe permitia sonhar com uma Península Ibérica unida sob o cetro de um filho seu. De fato, em 1497, D. Manoel se casara com D. Isabel de Aragão, filha de Fernando e Isabel. Deste casamento, nascera, no ano seguinte, o infante D. Miguel, neto e herdeiro dos *Reis Católicos* de Aragão e Castela. Mas em 19 de julho de 1500, enquanto a esquadra de Cabral chegava a Moçambique, após deixar o Brasil, D. Miguel morreria, aos dois anos, em Granada, enterrando o sonho do pai.

Permanecem desconhecidos os nomes das outras cinco naus d'el-Rei que faziam parte da primeira divisão da esquadra de Cabral, embora em 1854 o historiador Francisco Varnhagen tenha afirmado, baseado em um documento incompleto achado na Torre de Belém, que elas se chamavam *Espírito Santo*, *Santa Cruz*, *Flor de la Mar*, *Vitória* e *Espera*. Todas elas tinham cerca de 180 tonéis de capacidade e uma tripulação que pode ser calculada em 150 homens cada. Seus respectivos capitães eram:

Simão de Miranda de Azevedo — Como o próprio Cabral, Miranda era membro de uma das mais nobres e antigas famílias de Portugal. Antes de ser incumbido da missão de comandar uma das naus, vivia em "futilidades irrisórias na corte", segundo um cronista da época. Miranda sobreviveu à viagem de Cabral e retornou à Índia em 1512. Morreu em 1515, na feitoria de Sofala (Moçambique), para onde fora enviado como capitão.

Aires Gomes da Silva — Membro da família Silva, uma das mais notáveis casas de Portugal e de Castela, descendentes d'el-Rei D. Fluela II, de Leão. Aires Gomes

24

O busto abaixo, um dos quatro misteriosos "medalhões" esculpidos nas pilastras do Mosteiro dos Jerônimos, em Lisboa, é considerado a representação mais fiel do rosto de Nicolau Coelho. Refletindo sobre a imagem, o historiador luso Jaime Cortesão escreveu: "Possuía uma rude face de fauno ou de tritão, respirando audácia e alegria bárbara. Devia ser de rigíssima têmpera o capitão navegador. Dir-se-ia possuído pelo encanto do Mar. Embarcou infatigavelmente a cada armada. Afundou-se com a nau Faial quando regressava da Índia, em 1504. A terra não era digna de comer o corpo daquele Homem."

era filho de Pero da Silva, por sua vez filho bastardo de João da Silva, alferes-mor do rei D. João I (1367-1433).

Simão de Pina — Também de origem nobre, era neto de Vasco Anes de Pina, um dos companheiros do rei D. João I na célebre batalha de Aljubarrota (1385), quando Portugal obteve sua independência de Castela. Simão de Pina era parente próximo do cronista Rui de Pina, que fora o hábil negociador do Tratado de Tordesilhas.

Vasco de Ataíde — Quase nada se sabe sobre esse "cavalheiro de boa linhagem", que deveria ser parente de Pero de Ataíde, capitão de uma das caravelas da frota.

Por fim, o capitão da última das cinco naus da primeira divisão da esquadra cabralina era o lendário *Nicolau Coelho*, um dos maiores navegadores portugueses de todos os tempos. Ao contrário de seus companheiros de comando, Coelho fora alçado ao cargo não por sua "boa" linhagem, mas por sua excelência no mar. Em 1497, como capitão da nau *Bérrio*, fora um dos descobridores da Índia, em companhia de Vasco da Gama. A ele coube dar a boa nova ao rei D. Manoel. Graças à façanha, Nicolau Coelho foi feito cavalheiro em 24 fevereiro de 1500 (apenas três semanas antes dessa nova viagem, portanto), ganhando 50 mil ducados de "tença" (ou pensão) vitalícia e o direito de possuir um brasão.

A primeira divisão da esquadra cabralina era completada por uma caravela de nome *São Pedro* (70 tonéis de tonelagem e 50 homens a bordo), sob o comando de *Pero de Ataíde*, e pela naveta de mantimentos (com capacidade para 100 tonéis e

80 homens), capitaneada por *Gaspar de Lemos*. Pero de Ataíde, de apelido "Inferno", teria um desempenho heróico quando do ataque de mercadores árabes e hindus à feitoria de Calicute, em dezembro de 1500. Retornou à Índia em 1502, na esquadra de Vasco da Gama. Morreu em Moçambique, em 1503, onde chegara como náufrago. Pouco se sabe sobre Gaspar de Lemos, exceto que coube a ele anunciar ao rei D. Manoel que o Brasil havia sido descoberto — já que, após os 10 dias em Porto Seguro, os mantimentos armazenados em seu navio foram distribuídos pelas outras naus e Lemos partiu de volta a Portugal, levando as cerca de 30 cartas que relatavam ao monarca o "achamento" do Brasil.

Todos esses capitães — assim como os principais pilotos e mestres — eram homens muito bem pagos. Num livro clássico (embora controverso) chamado *Lendas da Índia*, escrito em 1561, o cronista Gaspar Correia listou os salários dos integrantes da armada de Cabral. A maior remuneração cabia, evidentemente, ao comandante-chefe: sabe-se que Pedro Álvares Cabral recebeu 10 mil cruzados pela viagem. Cada cruzado valia o equivalente a 3,5 gramas de ouro. Além desta pequena fortuna, Cabral embolsaria ainda o lucro referente a 500 quintais de *pimenta* — ou inacreditáveis 30 toneladas — que ele tinha o direito de comprar, às próprias custas, e transportar gratuitamente no navio. A Coroa se comprometia a adquirir essa pimenta pelo valor corrente em Lisboa — cerca de sete vezes o preço pago na Índia. O capitão-mor podia trazer ainda 10 caixas forras (ou livres de impostos) de qualquer outra especiaria.

Os capitães das demais naus recebiam mil cruzados sobre cada 100 tonéis de arqueação de seus navios (a maioria, portanto, embolsou cerca de 1,8 mil cruzados), acrescidos de seis caixas forras e da possibilidade de adquirir 50 quintais (ou 300 kg) de pimenta para revenda em Lisboa. Mestres e pilotos ganharam 500 cruzados, quatro caixas forras e 30 quintais de pimenta cada. Os marinheiros recebiam 10 cruzados por mês, uma caixa forra e 10 quintais de pimenta, cabendo aos grumetes a metade disso. Ainda segundo Gaspar Correia, os bombardeiros tinham a mesma remuneração que os marinheiros. Os demais soldados — chamados de "gente de armas", em contraposição a "gente do mar" — ganhavam 5 cruzados por mês e podiam transportar 3 quintais de pimenta.

Todos os integrantes da armada ainda teriam direito aos bens saqueados aos povos que entrassem em luta com os portugueses. A divisão destas "presas de guerra" era feita da seguinte forma: primeiro, o capitão-mor tirava sua parte (chamada "jóia"), cujo valor não poderia exceder 500 cruzados. Depois, era separado o quinto do rei. A seguir, o botim era dividido em três partes iguais — duas para o próprio rei, "pela armação, mantimentos e artilharia do navio" e a parte restante dividida na proporção de 15 partes para o capitão-mor, 10 partes para cada capitão, quatro partes para os pilotos, três partes para os mestres, duas partes para as "gentes do mar" e duas para as "gentes de armas".

Assim sendo, qualquer tripulante que retornasse daquela viagem com certeza ascenderia economicamente na escala social. Além do mais, a "gente casada" recebera um ano de salário adiantado, "para proteção de suas famílias". Aos solteiros foram adiantados seis meses de ordenados. Antes de embarcar, o capitão-mor recebeu um "sinal" de 5 mil cruzados. Os demais capitães ganharam mil cruzados.

A Iniciativa Privada

Tais honorários e adiantamentos — mais as despesas com a construção, manutenção e abastecimento da frota, além dos fabulosos presentes enviados ao Samorim — mostram quão onerosa era a empresa náutica, militar e mercantil chefiada por Cabral. A Coroa não podia financiá-la sozinha. Por isso, D. Manoel, como antes fizera seu antecessor D. João II, estava associado ao capital privado.

De fato, as duas naves que completavam a primeira divisão da frota de Cabral tinham sido armadas por mercadores particulares. A caravela *Anunciada*, com 100 tonéis de tonelagem e 80 homens a bordo, pertencia a D. Álvaro de Bragança, filho de D. Fernando, duque de Bragança. D. Álvaro — com o aval de D. Manoel — se associara aos banqueiros florentinos Bartolomeu Marchioni e Girolamo (ou Jerônimo) Sernige e ao genovês Antonio Salvago.

Marchioni, Sernige e Salvago viviam em Lisboa há pelo menos uma década e, havia alguns anos, estavam associados à Coroa lusa na armação de expedições ultramarinas. Girolamo Sernige já havia inclusive financiado parcialmente a expedição de Vasco da Gama à Índia, em 1497. Na verdade, desde que Constantinopla fora tomada pelos turcos otomanos, em maio de 1453 — e Veneza obtivera deles o monopólio do comércio das especiarias para a Europa —, suas rivais Gênova e Florença, alijadas deste rendoso jogo mercantil, tinham decidido investir nas expedições de Portugal. Afinal, a busca lusitana pelo caminho marítimo para as Índias era a única opção para furar o bloqueio imposto pelos muçulmanos às rotas de comércio terrestre, que há séculos uniam a Europa à Ásia.

Embora fossem banqueiros privados, Marchioni, Sernige e Salvago tinham o apoio dos mais altos mandatários de Florença e Gênova. Bartolomeu Marchioni, o mais opulento dos três, não apenas mantinha estreitas relações com o rei D. Manoel como se correspondia freqüentemente com Lourenço Pier Francesco de Medici, cuja família era a mais rica e a mais influente de Florença.

O comando da caravela *Anunciada* estava nas mãos de *Nuno Leitão da Cunha*, criado da casa de Bragança. Por fim, completando a esquadra cabralina, o conde D. Diogo da Silva e Meneses armara, em parceria com outros mercadores italianos (talvez Luca Giraldi e Piero Strozzi), uma pequena nau mercante, de 130 tonéis e com 40 homens a bordo, que pusera sob o comando de um certo Luis Pires.

Esses 11 navios formavam a primeira divisão da armada comandada por Pedr'Álvares Cabral.

A SEGUNDA DIVISÃO

Uma pequena *caravela redonda*, com 100 tonéis de porte e tripulação de 80 homens, mais uma nau de 180 tonéis e 150 homens constituíam a Segunda Divisão da frota de Cabral. Sua missão era criar uma feitoria na cidade de Sofala — o último ponto da costa oriental da África ao qual chegavam os navios árabes e onde havia uma rica mina de ouro. O comando da caravela redonda estava nas mãos de *Bartolomeu Dias*. Seu irmão, *Diogo Dias*, era o capitão da nau d'el-Rei.

Na turbulenta história dos descobrimentos lusos, raros personagens se defrontaram com um destino mais dramático e com injustiças tão brutais como Bartolomeu Dias. Primeiro navegador a dobrar o Cabo das Tormentas, em janeiro de 1488, Dias fora impedido por seus próprios marinheiros de seguir viagem até a Índia. Ainda assim, ele não só supervisionaria a construção dos navios com os quais Vasco da Gama realizou, 10 anos mais tarde, o sonho de Portugal de chegar à Índia, como pode ter sido o descobridor da chamada *"volta do mar"* (*leia boxe na página seguinte*).

Em agosto de 1497, Dias chegara a partir com a expedição de Gama para a Índia, mas, por ordem do rei, sua missão era permanecer na fortaleza da Mina, na Guiné. Nos primeiros meses de 1500, escalado para participar da armada de Cabral, Bartolomeu Dias de novo não receberia permissão para navegar até a Índia. Sua nova missão era criar uma feitoria em Sofala, na costa oriental da África, no atual território de Moçambique. O destino que o aguardava, porém, seria ainda mais cruel: em maio de 1500, Dias naufragou no Cabo da Boa Esperança — que ele fora o primeiro a cruzar e que, muito apropriadamente, batizara de Cabo das Tormentas. A única recompensa que esse grande

A Caravela Redonda

As caravelas que faziam parte da frota de Cabral eram uma evolução das primitivas caravelas dos descobrimentos. Chamavam-se caravelas redondas não só devido ao formato arredondado de seus cascos, mas porque misturavam velas latinas (triangulares) com velas redondas (panos quadrangulares que ficavam "redondos" ao serem inflados pelos ventos). Armadas por D. João II no final do século XV, as caravelas passaram a ter cerca de 30 bocas-de-fogo. Esses navios possuíam cascos de cerca de 30 metros de comprimento por seis de largura.

Depois de quase um século de navegação atlântica, os lusos concluíram que, para contornar a África, deveriam afastar-se do litoral e, auxiliados pelas correntes e pelos ventos, realizar uma grande curva para fugir das correntes contrárias do golfo da Guiné. Essa "volta do mar" (assinalada pela linha negra no meio do oceano) constituiu o segredo e o gênio de Portugal: a impressionante intuição que lhes permitiu subjugar o Atlântico, chamado de o Mar Tenebroso. Ao alongar mais para oeste a "volta do mar", Vasco da Gama aproximou-se das costas do Brasil, em 1497. Três anos depois, seguindo a mesma rota, por indicação do próprio Gama, Cabral aportou na Bahia. No mapa abaixo, as setas indicam a direção dos ventos, e as curvas em vermelho, a das correntes.

navegador recebeu foi póstuma: ele foi eternizado como um dos mais comoventes personagens dos *Lusíadas*, de Camões, o mais importante poema já escrito em língua portuguesa.

Diogo Dias protagonizou uma história similar à do irmão mais velho, embora menos amarga. Quando o cabo tormentoso foi vencido, Diogo estava junto com o irmão. Dez anos mais tarde, chegou à Índia, como escrivão na nau de Gama. Embora na frota de Cabral sua missão fosse ficar em Sofala, ele receberia permissão para seguir até a Índia. Bartolomeu e Diogo Dias eram escudeiros da Casa do Rei. O rei D. João II, em sua política de menosprezar a nobreza e afastá-la do comando das expedições marítimas, nomeara Bartolomeu Dias chefe da viagem de 1488. Mas, quando Vasco da Gama partiu para a Índia em 1497, seguindo a rota que o próprio Bartolomeu descobrira, o novo rei era D. Manoel I, e este monarca estava disposto a reatar relações com os nobres. Bartolomeu e Diogo Dias foram preteridos.

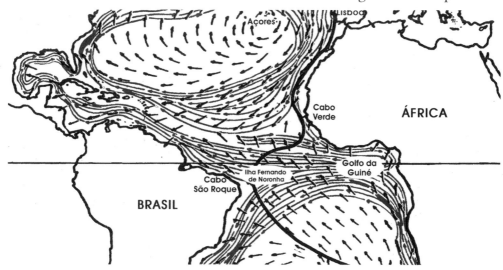

31

No momento em que as barcaças zarparam do porto do Restelo em direção aos navios, deixando atrás de si o rumor dos prantos e das bênçãos, a multidão urrou excitada. As velas das naus foram então içadas lentamente, ao ritmo dos apitos do contramestre. Eram necessários todos os braços disponíveis para essa vigorosa manobra, sacralizada pelas imensas cruzes vermelhas da Ordem de Cristo, pintadas nas velas que então se desfraldaram aos céus daquele início de primavera. Ao final daquela tarde de domingo, porém, o tempo virou. Soprando do sul, "ventos sacudidos e finos"[3] impediram que a multidão pudesse assistir à frota descendo majestosamente o Tejo.

Só na manhã do dia seguinte, bafejada pelas brisas do quadrante Norte, a armada se pôs em marcha. Era uma segunda-feira, 9 de março de 1500 — dia normal de trabalho para os lisboetas. A folga domingueira dera lugar aos afazeres cotidianos. Enquanto os marujos se debruçavam nas amuradas dos navios, acenando com seus gorros vermelhos, o alarido das vendedoras, com suas grandes panelas de cuscuz, já ecoava pelo porto. Suas vozes se misturavam à dos vendedores de tripas cozidas.

Aquela era uma Lisboa ardente e sedenta, de poucos chafarizes, à beira dos quais o povo e os escravos brigavam pela vez de abastecer suas moringas. Esgueirando-se pelo porto, os vadios aguardavam o melhor momento e o menor descuido para se apoderar da bolsa dos passantes. A partir do alvará de 6 de maio de 1536, esses "velhacos" seriam "desterrados para o Brasil". Embora ainda não fosse a Lisboa manoelina, faustosa e oriental dos anos seguintes, a cidade já começara a "esburacar sua velha mas resistente capa medieval", transformando-se no burgo marítimo cosmopolita, que "falava desvairadas línguas".[4]

Umas 60 mil pessoas se apinhavam então em cerca de 18 mil casas, de três andares e poucas janelas. Pelas suas 270 ruas e 89 becos, sinuosos e estreitos, pavimentados com lajes desiguais, a peste espreitava. De fato, um novo surto da doença irromperia em 1505 (como ocorrera sete vezes no século anterior e voltaria a ocorrer em 1520 e em 1523).

Quando a frota zarpou, ao meio-dia daquela segunda-feira, a tripulação voltou seus olhos para admirar as torres do castelo de São Jorge, construído pelos visigodos no século V, reformado pelos árabes no século IX e, desde o reinado de Afonso Henriques, iniciado na aurora do século XII, transformado em sede das Casas Reais lusitanas. À sua sombra esparramava-se a Alfama (a "Cidade Branca" erguida durante o período da dominação muçulmana). Mais abaixo ficavam o Beco das Cruzes, a Rua da Judiaria e o bairro do Rossio, onde viviam os pescadores e a maruagem. Tudo isso era agora deixado para trás.

Após vencerem os perigosos bancos dos Cachopos, na barra do Tejo, as naus foram erguidas pela grande ondulação do oceano. Era em geral nesse ponto que os soldados e os marinheiros de primeira viagem começavam a vomitar, "sujando-se uns aos outros".[5] Mas enjôos eram o de menos: para a maioria dos embarcados, aquela seria uma viagem sem volta. Na verdade, não havia quem desconhecesse os riscos de semelhante jornada. Tanto é que a maioria dos homens a bordo tinha deixado assinado seu testamento. Um historiador moderno, o brasileiro Paulo Miceli, já fez a comparação: "Muitos daqueles viajantes enfrentaram os mares como alguém que, hoje, entrasse num avião sem a garantia do aeroporto no final da viagem." De fato, dois entre cada três homens a bordo jamais voltariam a contemplar aqueles céus, aqueles montes, aquela cidade.

Ainda assim, e talvez por isso mesmo, entre os 1.500 embarcados a vida organizava-se rotineira e regrada, na promiscuidade hierarquizada das cobertas e entrecobertas do navio, que o passar dos dias tornava cada vez mais "sujas e infectas, porque a maior parte da gente não toma o trabalho de ir acima para satisfazer as suas necessidades, o que em parte é a causa de morrer ali tanta gente".[6]

ÁRVORE GENEALÓGICA DE CABRAL

No topo daquela sociedade flutuante — é importante ressaltar que os 1.500 homens a bordo representavam 2,5% do total da população de Lisboa — estava o capitão-mor. Ele tinha autoridade absoluta sobre todos, tripulantes e passageiros, fossem eles gentis-homens ou fidalgos (literalmente "filhos de algo"), como ele próprio.

A indicação de Pedro Álvares Cabral para o cargo de chefe supremo de tão importante expedição continua, de certa forma, sendo um mistério para os historiadores. Apesar de, em determinados documentos reais, D. Manoel ter se referido aos "merecimentos e serviços" que Cabral

teria prestado à Coroa, suas supostas proezas, no mar ou em terra, permanecem desconhecidas.

Embora ele possivelmente tenha "fincado uma lança em África" — como faziam todos os jovens cavaleiros e nobres fidalgos de sua geração —, o mais provável é que Cabral tenha sido alçado ao cargo não só em função dos vínculos que sua família mantinha com a Coroa, mas especialmente porque era casado com uma das mulheres mais nobres e mais ricas de Portugal.

Pedr'Álvares nascera em Belmonte, norte de Portugal, entre 1467 e 1468. Seu trisavô era Álvaro Gil Cabral, que não apenas teve importante participação na batalha de Aljubarrota, em 1385, como foi o heróico defensor do *castelo de Belmonte* — do qual se tornou alcaide-mor (ou governador), cargo vitalício e hereditário. A família obteve também o direito de ter um brasão, no qual Álvaro Gil decidiu colocar a imagem de três cabras — animal "valente e leal" tão comum naquela "rude terra centeeira, nas abas da serra da Estrela".[7] Pelos 200 anos seguintes, Belmonte seria um feudo da família Cabral.

O filho de Álvaro Gil e bisavô de Pedro Álvares era Luís Álvares Cabral, que lutou com o pai em Aljubarrota, foi escudeiro-fidalgo do rei D. João I e vedor (ou fiscal de finanças) da casa do Infante D. Henrique, ao lado do qual participou da tomada de Ceuta, em 1415. Também combatendo em Marrocos esteve Fernão Álvares, filho de Luís Álvares e avô do Cabral que descobriu o Brasil. Apesar de ter adoecido de peste na galé de D. Henrique, Fernão Álvares recuperou-se a tempo e se tornou o primeiro europeu a "matar um mouro a cavalo nas terras de Ceuta".[8]

O CASTELO DO BELO MONTE

*O Castelo de Belmonte (aglutina-
ção de "Belo Monte") foi erguido
pelo rei D. Diniz. Sua construção
se iniciou em 1226, mas a obra só
foi concluída mais de um século
depois. Atualmente, resta apenas a
torre principal, na qual existe uma
janela em estilo manoelino, que foi
acrescentada ao prédio já em pleno
século XVI. De tal janela, vislum-
bra-se ainda hoje magnífica vista
da região montanhosa que, durante
três séculos, foi quase um feudo do
orgulhoso clã dos Cabrais.*

Fernão Álvares teve dois filhos: Diogo e Fernão. Fernão Cabral, tido por "galanteador e troveiro, metedor d'alvoroços entre as moças",[9] era um homem alto, de mais de 1,90 m, apelidado de "Gigante da Beira". Fernão casou-se com D. Isabel Gouveia, mulher riquíssima. Com ela, teve sete filhos, o segundo dos quais chamou-se Pedro Álvares.

Por não ser filho primogênito, Pedr'Álvares, embora criado na corte de D. João II, não tinha direito à herança de seu pai. Mas acabou não precisando dela: ao casar-se com D. Isabel de Castro — que era neta dos reis D. Fernando de Portugal e D. Henrique de Castela e sobrinha de Afonso de Albuquerque, o maior dos conquistadores lusos do século XVI —, Cabral tornou-se mais rico que o pai, o avô e o bisavô jamais haviam sido.

Em 15 de fevereiro de 1500, o rei D. Manoel o nomeou capitão-mor da armada que em breve entraria nas amplitudes do Atlântico. Não são poucos os analistas que acham que tal honraria se deveu ao "casamento bom". É muito provável que Cabral, que era membro da Ordem de Cristo, jamais houvesse navegado.

36

A Tripulação

Pedro Álvares Cabral era, na verdade, o chefe militar da missão. O comando técnico da frota fora entregue a homens como Pero Escolar, um dos mais afamados pilotos de sua época, que dirigira o navio com o qual Nicolau Coelho tinha "descoberto" o caminho marítimo para as Índias, junto com Vasco da Gama, em 1497-98. Pero de Alenquer, que acompanhara Bartomoleu Dias ao Cabo em 1488, e Afonso Lopes, do qual pouco se sabe, eram os outros pilotos cujo nome a história preservou.

Contando com a experiência dos irmãos Dias e de Nicolau Coelho, esses homens eram responsáveis pelo rumo e pelas singraduras da armada. O imediato, o contramestre e o guarda — soberanos respectivamente da proa, da popa e do convés entre os mastros — respondiam pela manutenção da ordem a bordo, e não abandonaram um só instante o seu território durante toda a viagem. Por meio de poderes e costumes precisos, codificados ao longo de quase um século de navegação oceânica, estes três principais senhores do destino da embarcação comandavam, com o som de seus apitos, o trabalho de 60 marinheiros — a maioria dos quais eram profissionais instruídos e respeitados.

Todos eram auxiliados por grumetes, garotos que exerciam as tarefas mais pesadas e em quem todos mandavam, freqüentemente com brutalidade. A bordo, havia também uma multidão de artesãos, carpinteiros, calafates e tanoeiros, indipensáveis ao sucesso da viagem. De

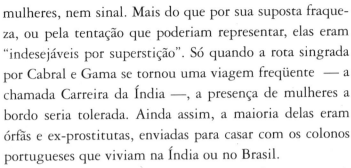

mulheres, nem sinal. Mais do que por sua suposta fraqueza, ou pela tentação que poderiam representar, elas eram "indesejáveis por superstição". Só quando a rota singrada por Cabral e Gama se tornou uma viagem freqüente — a chamada Carreira da Índia —, a presença de mulheres a bordo seria tolerada. Ainda assim, a maioria delas eram órfãs e ex-prostitutas, enviadas para casar com os colonos portugueses que viviam na Índia ou no Brasil.

De qualquer forma, Cabral comandava uma espécie de quartel flutuante, no qual não havia lugar para mulheres. De fato, qualquer observador mais atento que tivesse assistido à partida da armada — ou que pudesse vê-la agora, já em alto-mar — haveria de perceber, alinhados no convés, na proa e na popa, os cilindros esguios das "bocas-de-fogo", das bombardas e dos falcões, antigas peças de artilharia com as quais Cabral atacaria Calicute. As pedras e bolas de ferro que lhes serviriam de munição estavam

AS GENTES DE ARMAS

Embora supostamente sua missão fosse comercial e de paz, não há dúvidas de que em tropas, munições e artilharia a frota de Cabral levava a bordo o máximo e o melhor que àquele tempo era possível. Os soldados, no entanto, eram mal treinados. A maior parte deles não usava armaduras — com razão consideradas impróprias para os trópicos —, mas cobria os corpos com malhas metálicas e capacetes.

armazenadas no interior das naus. O artilheiro-mestre e o sargento eram responsáveis por esses canhões e pelos cerca de 700 soldados a bordo.

Essa era uma tarefa das mais difíceis. De acordo com o navegante francês Pyrard de Laval, que viajou numa das naus da Carreira da Índia, os bombardeiros eram, quase todos, "artífices, sapateiros ou alfaiates, de modo que não sabem o que é dar um tiro de peça quando é mister". Com os soldados era ainda pior: "Filhos de camponeses e outra gente de baixa condição, e apanhados à força desde a idade de

12 anos", nunca tinham visto uma guerra "e não sabiam como se portar num combate".[10] Ainda assim, ao contrário dos marinheiros, os soldados podiam dormir sob o convés.

Também alojados sob as cobertas do navio iam os religiosos — com exceção do frei D. Henrique Soares de Coimbra, ao qual fora reservado um camarote ao lado do de Cabral. Homem de vasto saber teológico e político, D. Henrique largara a toga de desembargador da Casa de Suplicação de Lisboa para entrar como noviço no convento de Alenquer. Após a viagem ao Brasil, ele se tornaria bispo de Ceuta, confessor do rei D. Manoel e embaixador em missões junto aos papas Júlio II e Leão X. Mais tarde, teria sido inquisidor — e presidido a primeira queima de um judeu em Portugal, na praça de Olivença.[11]

Mas, naquele momento, o franciscano D. Henrique achava que estava indo ao Oriente para encontrar cristãos. De fato, induzidos na ilusão de Gama — que não soubera diferenciar as estátuas de deuses hindus das imagens de santos cristãos —, Cabral e seus homens partiam para a Índia ainda supondo que iriam encontrar muitos cristãos em Calicute. A D. Henrique e a seus subalternos caberia estabelecer uma aliança espiritual com aqueles estranhos fiéis do Oriente. Os outros franciscanos a bordo eram os freis-pregadores Francisco da Cruz, Simão de Guimarães e Luís do Salvador, além do frei italiano Maffeo, que era organista, do frei Pedro Neto, cronista com ordens sacras, e do frei João Vitória, irmão leigo. Um vigário e oito capelães completavam a "milícia espiritual" enviada à Índia.

O interior das naus e caravelas do século XVI era um lugar escuro, sujo e perigoso. Embora fossem autênticos quartéis flutuantes, os navios do descobrimento não se livravam da imundície característica das ruas e das cidades medievais da Europa. Nos porões, havia ratos e baratas em profusão, e muitos dos tripulantes faziam suas necessidades ali mesmo, mareados demais para subirem ao convés. As doenças — especialmente o escorbuto — eram freqüentes e altamente mortíferas.

A Comida a Bordo

Outro personagem de grande importância a bordo era o escrivão e notário Afonso Furtado, responsável pelos interesses do rei e, contabilista e despenseiro, até a mínima gota de água, pelos víveres guardados como um tesouro pelos soldados. "Todos os mantimentos do navio são distribuídos à sua vista e ele faz assento de tudo, ainda que seja um quartilho de água. Tem as chaves das escotilhas do navio; e mesmo quando o capitão quer ir abaixo ao porão, é mister que o escrivão o acompanhe sempre, e de outra sorte não poderia lá ir, não obstante a representar no navio a el-Rei", escreveu Pyrard de Laval, referindo-se, anos mais tarde, às funções do notário.

Havia um despenseiro responsável pela distribuição dos alimentos aos soldados, que eram servidos antes; outro para os marinheiros e um terceiro para os oficiais. Todos a bordo recebiam rações rigorosamente iguais: 15 kg de carne salgada por mês, mais cebola, vinagre e azeite, embora os capitães pudessem transportar galinhas e ovelhas a bordo, e servir-se delas para melhorar sua alimentação. Nos dias de jejum — como a Sexta-Feira Santa —, a tripulação recebia arroz, peixe ou queijo para substituir a carne. O vinagre não era usado apenas nas refeições: também servia para desin-

O ESCORBUTO

De todas as calamidades físicas que se abatiam sobre os marujos dos séculos XVI e XVII, nenhuma era mais devastadora e repulsiva do que o escorbuto. Doença provocada pela carência de vitamina C, o escorbuto provoca hemorragias e causa o rompimento das paredes de vasos sangüíneos. Os primeiros marinheiros ocidentais afetados por essa terrível enfermidade foram os homens da esquadra de Vasco da Gama, em 1497. A doença em geral se manifestava após 70 dias em alto-mar. De início, era chamada de "mal de Luanda", pois em geral atacava os marujos quando seus navios se encontravam ao largo da costa de Angola. O nome "escorbuto" provém da palavra holandesa scherbuik, que quer dizer "ventre aberto" e deu origem ao francês scorbut. Há inúmeras e horrendas descrições dos estragos feitos pelo escorbuto entre os passageiros da chamada "Carreira da Índia". O efeito mais conhecido da doença é o inchaço das gengivas, que apodreciam, ficavam muitíssimo malcheirosas e tinham que ser cortadas a navalha. As vítimas do escorbuto em geral morriam após dois meses de grandes sofrimentos. No século XVIII, o capitão inglês James Cook concluiu que o consumo de limões e laranjas (ricos em vitamina C) evitava a doença.

fetar a imundíce do porão, no qual parecia se esconder a mais horrível fatalidade da vida do mar: o *escorbuto*.

A base da alimentação a bordo era um biscoito duro e salgado "via de regra todo podre das baratas e com bolor mui fedorento".[12] Cada tripulante tinha direito a 400 gramas diárias. Tais biscoitos, cuja fabricação se confunde com a própria história da navegação, eram assados em fornos reais, como o do vale de Zebro, em Lisboa, onde, entre 1505 e 1507, se produziram mais de mil toneladas (o equivalente a 2,5 milhões de rações diárias).

Os mantimentos sólidos eram distribuídos uma vez por mês — todos crus. Tinham que ser cozidos diariamente e os pequenos fogos acesos no convés representavam um perigo permanente — ainda mais que o cravo-da-índia e as demais especiarias eram tidos como "um verdadeiro pasto para as chamas". O vinho e a água eram entregues diariamente. Cada homem a bordo tinha direito a uma canada (1,4 litro) diária de vinho — armazenado em cerca de 200 pipas em cada navio. A água, para beber e cozinhar, também era fornecida à razão de uma canada por dia. Armazenada em tonéis de madeira pouco apropriados, cheirava sempre muito mal por causa do ciclo natural das reações químicas. Infecções e diarréias eram muito comuns.

As sugestões dadas pelos médicos de bordo mais matavam que do curavam. Com Cabral, viajava o cirurgião chamado de Mestre João. Ele se tornaria célebre ao redigir uma das únicas cartas relativas a essa viagem que sobreviveu ao incêndio provocado pelo terremoto que abalou Lisboa em 1755. Além de Mestre João, outro personagem intrigante a bordo era Gaspar da Gama, ou Gaspar da Índia, que Vasco Gama julgara ser um espião árabe e capturara em Goa, na Índia. Gaspar, na verdade, era um judeu polonês, de caráter errante, que vivera na Índia 30 anos antes. Aprisionado por Gama, terminou por conquistá-lo. Converteu-se ao cristianismo, adotou o nome de batismo do poderoso padrinho e foi levado para Lisboa. Passou a circular pela corte com desenvoltura, tornou-se íntimo de D. Manoel e embarcou como intérprete na viagem de Cabral.

DE PORTUGAL À ILHA DE VERA CRUZ

Deixando Lisboa para trás, as naves de Cabral seguiram o rumo sul-sudoeste, embaladas por ventos favoráveis, fazendo saltar os peixes-voadores, tão comuns nas cercanias da ilha da Madeira. Atravessando a zona que os espanhóis chamavam de Golfo de las Yeguas, a frota apontou as proas em direção às desejadas Canárias — ilhas que pertenciam à Espanha e por cuja soberania Portugal tanto lutara no século anterior. A conquista deste arquipélago fora o objetivo inicial (e nunca alcançado) do ciclo de navegações iniciado pelo Infante D. Henrique.

No sábado, 14 de março, entre 8 e 9 horas da manhã, a frota já estava em frente à Gran Canária, a maior das sete ilhas do arquipélago. Bom tempo e bons ventos permitiram que uma distância de 700 milhas náuticas (cerca de 1.300 km) fosse percorrida em cinco dias, com uma velocidade média de 5,8 nós (ou cerca de 10 km por hora), média excelente para a época. No dia seguinte, uma calmaria deteve a esquadra, que se manteve quase imóvel.

Cerca de 100 quilômetros após as Canárias, começam a soprar os ventos alísios de nordeste (que oito anos antes haviam conduzido Colombo à América). A frota de Cabral então abriu seu rumo para oeste, seguindo em direção ao arquipélago de Cabo Verde — localizado a cerca de 600 quilômetros da costa da África, em frente ao Senegal, e que havia mais de meio século os portugueses haviam descoberto e colonizado. No dia 22 de março, o experiente piloto Pero Escolar reconheceu a ilha de São Nicolau, avistada por volta das 10 horas da manhã. As 800 milhas que separam as Canárias de Cabo Verde foram vencidas em oito dias, a uma velocidade média de 4 nós.

E então, por volta das 8 horas da manhã do dia seguinte, segunda-feira, 23 de março de 1500, a primeira de uma série de tragédias se abateu sobre a frota de Cabral: uma das naus, a comandada por Vasco de Ataíde, simplesmente sumiu — "sem que houvesse tempo forte ou contrário para poder ser", conforme o relato de Pero Vaz de Caminha. Como notou o historiador português Jaime Cortesão, Caminha — que em breve dedicaria páginas inteiras à descrição dos nativos do Brasil — se refere ao naufrágio sem uma palavra de lástima. Disse apenas: "Fez o capitão diligências para o achar, a uma e outra parte, mas não apareceu mais." Cento e cinqüenta homens tinham sido "comidos pelos mar".

No minucioso estudo que publicou, em 1975, sobre a viagem de Cabral, o capitão-de-mar-e-guerra Max Justo Guedes sugere que, após se desgarrar da frota, devido "ao nevoeiro e às nuvens de poeira saariana" que muitas vezes dificultam a navegação entre as ilhas do Cabo Verde, a nau de Vasco de Ataíde pode ter batido em algum baixio (talvez o de João Leitão, a sudoeste da ilha de Boa Vista), naufragando sem que seus sinais de socorro fossem vistos.

De todo o modo, após dois dias de buscas infrutíferas, a esquadra seguiu seu rumo "por esse mar de longo", como diria Caminha em sua carta. Então, entre 29 e 30 de março, a frota entrou na região das calmarias equatoriais — chamadas *doldrums* (palavra inglesa que significa "desânimo"). Ali, as naus ficavam "estáticas, sem sopro ou movimento/ como um inútil barco pintado/ Sobre pintado oceano", de acordo com o poema *The rime of the ancient mariner*, escrito por Samuel Coleridge em 1798.

Por cerca de 10 dias, a frota de Cabral arrastou-se à velocidade de 1 nó (ou 1,9 km por hora). Anos mais tarde, esse mesmo trecho seria o primeiro calvário pelo qual passariam as naus que seguiam da Carreira da Índia. Nos *doldrums*, onde às vezes os navios chegavam a ficar retidos por 40 dias, acabava-se a água. A morte rondava os tripulantes; as velas pendiam, frouxas, no ar escaldante.

A vida a bordo tornava-se então mais monótona do que o habitual. Quase todas as atividades de lazer eram proibidas. Ainda assim, sempre que possível, os marujos dedicavam-se ao carteado. Quando os padres os pegavam em flagrante, "tomavam os naipes e os atiravam ao mar". Os romances de cavalaria, tidos como "uma armadilha do demônio que causava grandes danos à alma",[13] também eram vetados. Havia teatro a bordo, mas sempre de teor religioso. Enfadonho e repetitivo, cada novo dia era anunciado pelo canto dos galos e pelo balido das ovelhas, que os capitães tinham direito de levar para bordo.

No dia 9 de abril, ao completar um mês em alto-mar, a esquadra de Cabral cruzou o Equador — e o que durante séculos fora motivo de terror agora era pretexto para festa. Após o Equador, os ventos sopravam de sueste. Mas como eles também eram fracos, a armada de Cabral seguiu as instruções de Vasco da Gama e abriu seu rumo para o sudoeste, empreendendo a "volta do mar". Empurrada pelas forças marítimas hoje chamadas de "Corrente Brasileira", a esquadra logo retomou a velocidade de 5 nós.

O domingo de Páscoa foi celebrado quando os navios se encontravam a uns 250 quilômetros da costa, na altura de Salvador. Dois dias depois, próxima dos recifes depois chamados Abrolhos (aglutinação de "Abra os olhos"), a frota deparou com sargaços flutuantes: eram as algas botelhos e rabos-de-asno. No entardecer do dia seguinte, 22 de abril de 1500, a armada de Cabral ancorou em frente ao Monte Pascoal, 44 dias após ter partido de Lisboa.

No momento em que o sol radiante inaugurou a primeira manhã do Brasil, a 23 de abril de 1500, a visão do Monte Pascoal, das serras que o cercavam, das aves, das flores e frutos e dos homens nus que se encontravam na areia, no limiar entre a terra que deixaria de ser deles e o mar que lhes trazia a mais impactante novidade de suas vidas — essa visão e esse momento não remetem o observador de volta apenas ao dia em que Cabral partiu de Lisboa, mas parecem impulsioná-lo à própria aurora de Portugal.

Sim, porque o impulso que estava conduzindo Cabral da Europa até a Ásia — e o levara a descobrir o Brasil no meio do caminho — era um pequeno movimento na grande sinfonia que configura o processo da expansão dos portugueses ao redor do globo. Para compreender mais plenamente essa viagem, é preciso empreender outra. E esta sequer se limita ao início dos descobrimentos marítimos, mas retrocede ao momento em que, cercado de ameaças e sem saídas para o mar Mediterrâneo, isolado na "orla ocidental da Cristandade",[14] o povo de uma das menores nações da Europa viu-se impelido a explorar as águas de um oceano desconhecido.

Ao concretizar plenamente sua vertigem expansionista, os portugueses tornariam seu país o pólo a partir do qual a Europa seria capaz de provar, para o bem e para o mal, que — como num provérbio budista — tudo está unido e interligado. A exploração do globo pelos navegadores portugueses e a conseqüente expansão da civilização européia — em meio às quais o "achamento" do Brasil se tornaria uma das pérolas mais vistosas — se constituíram em uma das mais admiráveis aventuras das tantas que marcaram o milênio que se encerra. Acompanhar essa viagem desde seus primórdios ajuda a compreender o que estamos fazendo aqui e agora.

Portugal Conquista o Mundo

Na manhã da quinta-feira, 23 de abril de 1500, um novo ciclo estava se iniciando na história já quase secular da expansão lusitana pelos quatro cantos do planeta. Naquele dia — pelo menos oficialmente — os portugueses estavam se preparando para desembarcar pela primeira vez no terceiro continente ao qual seus eficientes navios os tinham conduzido. Àquela altura, os lusos já haviam estabelecido várias feitorias na costa ocidental da África — onde trocavam trigo, tecidos e cavalos por escravos e ouro. Quase uma década ainda seria necessária para que eles pudessem conquistar a Índia e dominar o comércio marítimo no oceano Índico. Depois disso, precisariam de outros três anos para chegar à China (e estabelecer-se em Macau, em 1513) e mais 30 para atingir o Japão (desembarcando em Nagasaqui, em 1543). Mas, agora, estavam prestes a fincar o pé na América — embora ela ainda não tivesse nome e sequer fosse reconhecida como um novo continente.

Esse processo expansionista estava, de certa forma, ligado à luta entre a Europa cristã e o mundo árabe. Muito antes da tomada de Constantinopla pelos turcos otomanos, em maio de 1453, os portugueses já tinham declarado uma espécie de "guerra santa" contra os seguidores da religião criada pelo profeta Maomé no século VI.

Na saga de Portugal, mito e história se mesclam de forma quase indissolúvel. A ancestral tradição céltico-druídica, o paganismo germânico, o misticismo islâmico, as lendas da cavalaria de Carlos Magno, as antigas profecias bíblicas, as fábulas milenaristas, os Templários e sua busca do Santo Graal, o espírito das Cruzadas: todos esses ingredientes se mesclaram para fundir a nacionalidade lusitana e modelar seu projeto utópico de conquistar o mundo pela navegação dos mares. A origem etimológica de "Porto Cale" é nebulosa, mas a palavra talvez signifique "Porto da Gália" (ou "porto da França"). Para o genial escritor irlandês James Joyce, o país que exportou o modelo europeu para o resto do planeta deveria se chamar Portocall — *o Porto do Chamamento, cujo sinal seria prontamente atendido pelas demais nações da velha Europa.*

Na verdade, os fiéis de Maomé tinham atacado antes. No ano de 711, vindos do norte da África, árabes e berberes cruzaram o estreito de Gibraltar e conquistaram toda a península Ibérica. Os combates duraram apenas sete anos, mas os invasores só seriam inteiramente expulsos da Espanha e de Portugal após sete séculos de luta.

A Reconquista se iniciou no século IX. Foi durante a cruenta luta contra os árabes que Afonso VI, rei de Leão e Castela, criou um condado na região de Portucale, entre os rios Douro e Tejo, no território que tomara aos mouros e que, séculos antes, fora uma colônia romana chamada Portus Calle. Em 1097, Afonso VI confiou o comando do condado de Portucale ao aventureiro Henrique de Borgonha, seu genro. Com a morte de Henrique em 1112, seu filho, Afonso Henriques, decidiu desafiar não só os invasores árabes mas também o reino de Leão e Castela. Ao vencer a batalha de Ourique, em 1139, Afonso Henriques se declarou rei, e o papa e Castela o reconhecem em 1143. Portugal se tornou então uma nação unida e independente.

Por 240 anos, descendentes de Afonso Henriques reinaram em Portugal, em luta constante contra Castela. Em 1383, quando o rei D. Fernando (cuja filha era casada com o rei castelhano) morreu sem deixar herdeiros, o país correu sério risco de ser anexado pela Coroa rival, especialmente porque a nobreza lusa era favorável à anexação.

Mas então o povo — em especial a emergente burguesia mercantil do Porto e de Lisboa — se revoltou e decidiu aclamar como rei D. João, mestre da Ordem Militar de Avis e filho bastardo do finado rei D. Pedro I (pai de D. Fernando). Em 1385, com o apoio da "arraia miúda" e

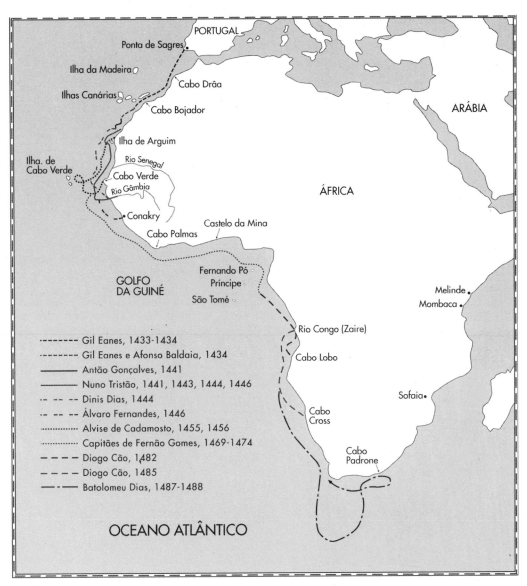

PORTUGAL

Ponta de Sagres

Ilha da Madeira

Ilhas Canárias

Cabo Drâa

Cabo Bojador

Ilha de Arguim

Ilha. de
Cabo Verde

Rio Senegal

Cabo Verde

Rio Gâmbia

ARÁBIA

ÁFRICA

Conakry

Cabo Palmas

Castelo da Mina

Melinde

Mombaca

GOLFO
DA GUINÉ

Fernando Pó
Príncipe

São Tomé

Rio Congo (Zaire)

Cabo Lobo

Sofaia

Cabo
Cross

Cabo
Padrone

- - - - - - Gil Eanes, 1433-1434
- - - - - - Gil Eanes e Afonso Baldaia, 1434
———— Antão Gonçalves, 1441
———— Nuno Tristão, 1441, 1443, 1444, 1446
-· - - - Dinis Dias, 1444
-· - - - Álvaro Fernandes, 1446
············ Alvise de Cadamosto, 1455, 1456
··········· Capitães de Fernão Gomes, 1469-1474
- - - - Diogo Cão, 1482
- - - - Diogo Cão, 1485
-·-·-· Batolomeu Dias, 1487-1488

OCEANO ATLÂNTICO

O PÉRIPLO AFRICANO: DO CABO BOJADOR AO CABO DA BOA ESPERANÇA

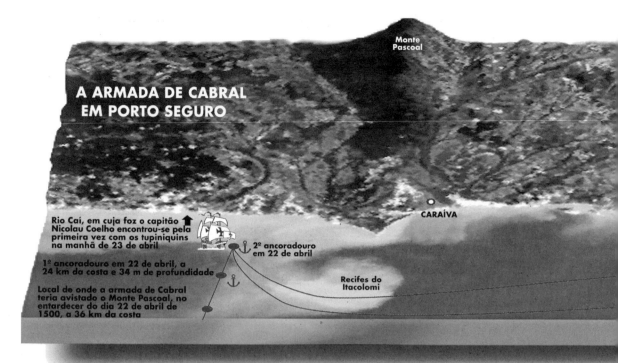

Monte Pascoal

CARAÍVA

Rio Caí, em cuja foz o capitão Nicolau Coelho encontrou-se pela primeira vez com os tupiniquins na manhã de 23 de abril

2º ancoradouro em 22 de abril

1º ancoradouro em 22 de abril, a 24 km da costa e 34 m de profundidade

Recifes do Itacolomi

Local de onde a armada de Cabral teria avistado o Monte Pascoal, no entardecer do dia 22 de abril de 1500, a 36 km da costa

O infográfico acima representa as rotas e as singraduras da esquadra de Pedro Álvares Cabral em Porto Seguro durante os dez dias da chamada "Semana de Vera Cruz". Na esquerda, o mapa mostra o ponto de onde a esquadra avistou o Monte Pascoal (visto a cerca de 70 quilômetros da costa), o local aproximado onde a frota ancorou no entardecer de 22 de

TRANCOSO

ARRAIAL DA AJUDA   PORTO SEGURO

Coroa
Vermelha

Bahia
Cabrália

ROTA DOS NAVIOS PEQUENOS

3º ancoradouro
dos navios pequenos e 4º das naus,
respectivamente em 24 e 25 de abril

ROTA DOS NAVIOS GRANDES

3º ancoradouro
das naus em 24 de abril

abril e o segundo ancoradouro, no qual os navios fundearam no dia 23 de abril. No mapa pode ser vista também a foz do rio Caí, local do primeiro encontro entre portugueses e Tupininquins.

À esquerda, detalhe do óleo *A Elevação da Cruz*, de Pedro Peres, do acervo do Museu Nacional de Belas Artes (RJ). À direita, *A Primeira Missa*, óleo de Vitor Meireles do mesmo Museu.

Pero de Ataíde

Vasco de Ataíde

Nuno Leitão

Luis Pires

Simão de Pina

Sancho Tovar

Iluminura do século 19 representando
Pedro Álvares Cabral e o brasão de sua família

Cabral

Nicolau Coelho

Gaspar Lemos

Simão Miranda

Aires da Silva

Diogo Dias

Bartolomeu Dias

A batalha de Aljubarrota, travada em 14 de agosto de 1385, não foi apenas um marco decisivo na história de Portugal — que ali conquistou sua independência. Tornou-se também um marco na história dos conflitos militares, já que foi uma das primeiras vezes que a infantaria (arma popular) bateu a cavalaria (arma da nobreza). Em Portugal, a batalha foi apelidada de "A Padeira", pois o povo português — a "arraia miúda" (abaixo), como disse o cronista real Fernão Lopes — teria se servido de pás para derrubar os cavaleiros castelhanos. D. João I foi ajudado por arqueiros ingleses, mas a ascensão da dinastia "burguesa" de Avis antecedeu em 100 anos a ascensão da dinastia "burguesa" dos Tudor, na Inglaterra.

de arqueiros ingleses, D. João bateu o exército de Castela na *batalha de Aljubarrota*. Por dois séculos seus descendentes seriam os reis de Portugal. Era a dinastia de Avis.

Em fevereiro de 1387, para selar sua aliança com a Inglaterra, D. João casou-se com Filipa de Lancaster, filha de John de Gaunt, filho do rei inglês Edward III, que tinha pretensões ao trono de Castela. Mulher ativa e enérgica, D. Filipa teria encontrado a corte transformada "num poço de imoralidade". Deixou-a "tão casta como um quarto de criança". E deu cinco filhos a D. João. Por seus altos feitos, esses infantes ficariam conhecidos como "a ínclita geração".[1] O terceiro dos filhos de D. João e Filipa nasceu em março de 1394, e foi chamado Henrique.

Em 1411, D. João I quis promover um torneio, que duraria um ano, para dar aos filhos homens, D. Duarte, D. Pedro, D. Henrique e D. Fernando, a chance de se tornarem cavaleiros. Mas uma série de fatores, reais e sobrenaturais, se conjugaram e, ao invés de organizar tal torneio, o rei decidiu planejar uma espécie de cruzada, cujo objetivo seria a conquista da cidade de Ceuta, em Marrocos.

Em primeiro lugar, despontaram os interesses dos mercadores e da burguesia marítima lusitana, aos quais o rei estava associado: Ceuta, além de monopolizar todo o comércio do Norte da África, se tornara também um "ninho de piratas", bloqueando a estratégica passagem do estreito de Gibraltar. Depois, havia o espírito da reconquista e o ódio aos árabes, que ainda incendiavam a nobreza, da qual D. João fazia parte. Por fim, desenrolava-se uma complexa trama político-religiosa: como a Cristandade estava dividida entre três papas — Gregório XII, em Roma; Bento XIII, em Avignon; e João XXII, em Pisa —, um concílio fora marcado para se realizar em Constança em outubro de 1415, no qual seria escolhido o chefe supremo da Igreja. Portugal obedecia ao papa de Roma e Castela ao de Avignon. D. João concluiu que um ataque aos "infiéis" árabes aumentaria seu prestígio junto à Igreja, fosse qual fosse o papa aclamado. Dessa forma, uma vitória contra os mouros virtualmente acabaria com a permanente ameaça castelhana sobre a soberania de Portugal.

O elo de ligação entre os interesses da nação, da nobreza cristã e da burguesia mercantilista foi o vedor (espécie de ministro) da Fazenda, João Afonso de Alenquer. Foi dele a idéia de invadir Ceuta. Os mercadores vibraram com a possibilidade de se apoderar de um dos mais importantes centros comerciais do Mediterrâneo e de acabar com a pirataria. Os infantes se entusiasmaram com a oportunidade de mostrar seu valor numa guerra real. E a devota D. Filipa exultou com a aura de "guerra santa" que cercava a missão.

Com apenas 19 anos, D. Henrique foi encarregado de construir uma frota no Norte do país. A cruzada contra Ceuta foi desencadeada num clima de milagres e augúrios. Houve um eclipse, um monge do Porto teve uma visão e a rainha Filipa — vitimada pela peste, contraída após um prolongado e imprudente jejum religioso — chamou os filhos e exortou-lhes a obter a vitória contra os infiéis.

A Tomada de Ceuta

Em 23 de julho de 1415, cinco dias após o último suspiro da rainha Filipa de Lancaster, a expedição partiu para a conquista de Ceuta. Era uma frota impressionante, com mais de 200 embarcações: "Trinta e três *galés*, vinte e sete *trirremes*, trinta e duas *birremes* e cento e vinte outros navios", nos quais se amontoavam 50 mil soldados e 30 mil marinheiros — mais de 20% da população total de Portugal àquela época. Quase todos os homens a bordo estavam "cruzados", ou seja, haviam colado cruzes aos uniformes, deixando claro que partiam para uma guerra santa. De fato, no início de julho de 1415, o papa Gregório XII publicara uma bula concedendo "absolvição plenária" a todos que viessem a morrer naquela tentativa de "lavar as mãos no sangue dos infiéis". Mas apenas oito portugueses iriam tombar ao longo de um combate desigual.

A frota chegou à frente de Ceuta no dia 10 de agosto, mas ventos contrários a impeliram de volta a Portugal. Para os lusos, foi uma sorte. Esses ventos selaram o destino de Ceuta: Sala-bin-Sala, soberano de Fez e senhor de Ceuta, julgou que os inimigos tinham desistido do ataque, desguarneceu a cidade e retornou a Fez. Mas, no entardecer do dia 14, os lusos voltaram a coalhar o mar em frente à cidade desprotegida.

Embora o desleixo de Sala-bin-Sala fosse inexplicável, o fato é que, como vários outros entrepostos sob o domínio árabe, Ceuta era um pólo comercial no qual a tolerância era moeda corrente. Entre pegar em armas e amealhar moedas, os mouros sempre preferiram a segunda op-

A Frota do Infante

O fato de D. Henrique ter recorrido a galés, birremes e trirremes é indício claro que em 1415 Portugal ainda não tinha desenvolvido seus próprios navios. Galés eram barcos herdados da Antiguidade, com cerca de 40 m de comprimento e 5,3 m de largura, movidos por cerca de 30 remos de 15 m. Cada remo era impulsionado por três homens — geralmente escravos. As galés turcas (abaixo) eram movidas por escravos cristãos: um destino terrível. Birreme era um barco grego, impelido por remos armados em duas ordens e com vela redonda. Já as trirremes tinham cerca de 90 remos armados em três pavimentos.

ção. De todo modo, assim que as dificuldades meteorológicas foram contornadas, os cavaleiros de Cristo — cujos corpos estavam resguardados não apenas por cruzes mas por couraças — foram capazes de massacrar os muçulmanos, mal armados e em número muito inferior.

Ao entrar na "fortaleza infiel", como uma horda de bárbaros, os lusos ficaram espantados com o que viram. Fundada no século V na ponta africana do estreito de Gibraltar — as Colunas de Hércules da Antiguidade clássica — *Ceuta* se aproveitara da localização privilegiada para se tornar, como D. João I a descrevera, "a porta de entrada e a chave de todo o comércio africano". E não só africano: a ela chegavam mercadorias vindas da Pérsia, da Índia e até de Veneza, como revela o lamento dos árabes, registrado pelo cronista Gomes Eanes Zurara:

"Oh, cidade de Ceuta, flor de todas as outras da terra de África: onde acharão teus moradores terra em que façam outra semelhante? Onde acharão daqui em diante os mouros estranhos que vinham de Etiópia e da Alexandria e da terra da Síria e da Barbaria e da terra de Assíria, que é o reino dos Turcos, e os do Oriente, que vivem além do rio de Eufrates, e das Índias e doutras muitas terras que são além do eixo que está ante nossos olhos? Todos vinham a ti carregados de tantas e tão ricas mercadorias (...) Quais de nós acharão agora, quando se levantarem de suas camas, as bestas carregadas dos panos de seda que nos vinham da cidade de Damasco ou as casas cheias de pedras

preciosas dos da comunidade de Veneza ou os grandes sacos de especiaria, que chegavam desde os desertos da Líbia?"

Sob o longo domínio mulçumano, Ceuta fervilhava com 24 mil lojas, nas quais se vendiam ouro, prata, cobre, latão, sedas e especiarias. As casas, com seus pátios internos, nos quais murmuravam as fontes, tinham paredes adornadas e o chão recoberto por tapetes orientais. "Perto de essas, as melhores casas de Portugal parecem pocilgas", anotou Zurara. A maior parte dessas residências foi saqueada de tal forma que nada restou do esplendor original.

Embora as especiarias já tivessem muito valor, os portugueses, invadindo casas, lojas e bazares à cata de metais, as desprezaram solenemente. "Os potes de conservas e jarras de mel, manteiga e azeite corriam em enxurrada pelas ruas", relata Zurara. Nessa lama formada por vinhos finos, melado, vinagre, não boiavam apenas pimenta, canela e arroz, mas o cadáver de homens, crianças e mulheres, muitas das quais tinham tido "dedos e orelhas arrancados pelos lusos para arrebatar-lhes brincos e anéis".

O maior dos saques foi perpetrado pelo conde D. Afonso de Barcelos, membro da Casa Real e meio irmão de D. Henrique. D. Afonso levou para Portugal mais de 600 colunas de alabastro e mármore arrancadas do palácio do soberano marroquino, além de toda a cobertura abobadada, revestida de ouro, que cobria uma das praças da cidade. No final do dia, a bandeira lusa tremulava na torre mais alta de Ceuta.

Na manhã seguinte, na mesquita da cidade "purificada e elevada a catedral", celebrou-se a primeira missa na África em séculos. A tomada de Ceuta foi um momentochave da história: aquela seria a última cruzada e a primeira vitória européia sobre os árabes na África desde os dias de glória do Império Romano. Seria também o início da expansão ultramarina portuguesa — que se estenderia por três continentes ao longo dos três séculos seguintes.

O COMÉRCIO MUDO

Os portugueses se tornaram donos de uma cidade paralisada. As caravanas que costumavam chegar a Ceuta carregadas com o ouro da Guiné desviaram suas rotas para Tânger e Tunis. A praça recém-conquistada não apenas não dava lucro algum, como sua manutenção era extremamente onerosa. Em julho de 1418, quando os mouros desferiram um ataque para tentar retomar Ceuta, D. Henrique (que partira da cidade em setembro de 1415, feito cavaleiro e nomeado responsável por sua defesa e despesas) retornou para enfrentar o inimigo. Quando ele chegou, Ceuta já se safara por seus próprios meios.

Ainda assim, o Infante decidiu passar oito meses na "sua" cidade. E foi então que obteve, de prisioneiros árabes, informações sobre como Ceuta havia se tornado uma cidade rica. Sob tortura, alguns mercadores revelaram a D. Henrique de que forma o ouro africano chegava a Ceuta. Grandes caravanas muçulmanas seguiam de Marrocos para o sul, através das imensas montanhas da cordilheira Atlas — onde a neve eterna convive com o fulgor do deserto. Ao fim de 20 dias de marcha, nas proximidades da cidade de Timbuctu, em Mali, os marroquinos expunham montes separados de sal, coral de Ceuta e mercadorias ba-

Embora as caravanas em geral partissem de Ceuta para Mali, algumas delas fizeram o percurso inverso. Foi o caso do séquito que em 1324 acompanhou o imperador Mansa Mussa, rei de Mali, em sua peregrinação a Meca. Mussa Mali partiu de seu reino com mais de 100 camelos carregados de ouro, generosamente distribuído entre os pobres que ele encontrou ao longo do caminho. Cerca de 500 escravos atendiam o imperador — e cada um deles portava 2 kg de ouro. A opulência e a benevolência de Mansa Mussa de Mali espantaram até os sofisticados cidadãos do Cairo. A lenda de Mussa Mali, registrada num mapa feito em 1375, funcionaria como um dos mais poderosos estímulos para que o Infante D. Henrique se lançasse na conquista da Guiné, concretizada em 1430.

ratas (*veja mapa na página 62*). Depois, afastavam-se. Os homens das tribos locais, que viviam nas minas abertas, de onde extraíam seu ouro, aproximavam-se e colocavam, ao lado de cada pilha, a quantidade de ouro que julgavam valer tais mercadorias. Então, era sua vez de se retirarem, deixando aos mercadores árabes a função de aceitar a oferta ou reduzir a quantidade de peças expostas. O processo se repetia até que toda a mercadoria fosse retirada. Era o "comércio mudo" — uma forma de etiqueta comercial entre povos que não conheciam a língua uns dos outros, costume tão antigo que fora descrito por Heródoto.

D. Henrique sabia que os lusos não seriam capazes de cruzar o mar de areia do deserto do Saara, que só podia ser vencido com o auxílio do camelo, "o navio do deserto", capaz de marchar 20 km por dia. Certas *caravanas* tinham até 12 mil camelos. Mas havia indícios de que "comércio mudo" se dava nas proximidades da foz de um grande rio, cujo delta verdejante, ladeado de palmeiras, desaguava no Atlântico, ao sul do arquipélago das Canárias. De posse de tais informações, D. Henrique começou a pensar na hipótese de flanquear a costa africana, navegando das Canárias até a "terra da Guiné". Queria bloquear os mouros pela retaguarda e dominar a foz do "rio do ouro" — que, como se saberia depois, era o Senegal, tido como um dos braços do Nilo. Para fazer isso, teria que mergulhar no desconhecido.

O PRÍNCIPE DAS MARÉS

Ao retornar a Portugal, na primavera de 1419, D. Henrique, segundo seu biógrafo oficial, Gomes Zurara,

teria decidido abandonar as "futilidades da corte" e se instalar na ponta de Sagres. Começaria a se forjar então, em torno dele, uma das lendas mais duradouras da história das explorações. O próprio local que o Infante supostamente escolheu para viver já era pleno de simbolismo e magia. O antigo "promontório sacro" de gregos e romanos — chamado de Sagres pelos lusos — fora batizado pelo geógrafo grego Ptolomeu. Era a *finnis terra* da Europa: um lugar ermo, de beleza trágica, onde a terra se despede num cabo nu e pedregoso, para mergulhar no oceano temível e repleto de mistérios. Não por acaso, Sagres tinha sido ocupada por um templo dos druidas, os sacerdotes celtas.

Ainda assim, não foi na ponta de Sagres mas na vila de Lagos, a cerca de 30 quilômetros a leste dali, que D. Henrique de fato se instalou, quando seu pai, o rei D. João I, o fez governador daquela região, conhecida como Algarve, ou *El-Ghard*, a Terra do Poente, outrora o Ocidente árabe. Em maio de 1420, D. João também fez do Infante o administrador da Ordem dos Cavaleiros de Cristo. Originária da antiga *Ordem dos Templários*, a Ordem de Cristo era a mais opulenta e a mais enigmática das ordens militares da Europa medieval. Seu objetivo era "combater os sarracenos e todos os demais infiéis e inimigos da cruz, não só na África mas em todas as outras partes do mundo". Pelos dois séculos seguintes, todas as expedições ultramarinas dos portugueses partiriam sob a bandeira da Ordem de Cristo — e a maior parte delas seria financiada pelos recursos aparentemente inesgotáveis desta espécie de sociedade secreta.

De acordo com certos depoimentos (bastante controversos), o Infante D. Henrique era alto, forte e loiro, devido à herança genética de sua mãe, a inglesa D. Filipa. Sendo ou não um tipo anglo-saxônico, D. Henrique seria visto por historiadores britânicos e lusos como o mais puro exemplo de virtude e ética cavalerianas. Biografias inglesas publicadas no século XIX o apresentariam como um cavaleiro arturiano (abaixo), *cercado de cosmógrafos similares ao mago Merlin e de cavaleiros ousados e indômitos. Na vida real, D. Henrique de fato interessava-se por ocultismo, chegando a escrever um livro chamado* Segredo dos Segredos da Astrologia. *Zurara, seu biógrafo, atribuiu as "altas conquistas" do príncipe ao fato de ele "ter o ascendente em Áries, que é a casa de Marte, Aquário na casa de Saturno e o sol na casa de Júpiter".*

Não são poucas as contradições que cercam a figura do Infante. Monge-guerreiro, obcecado, teimoso, celibatário e asceta, D. Henrique de fato era uma figura imponente, permanentemente envolto em um manto negro. Quando ele morreu, supostamente virgem, em 13 de novembro de 1460, descobriu-se que cobria todo o ventre com uma áspera faixa de crina entrelaçada, em nome do amor divino.

Segundo seu biógrafo Zurara, "a inclinação das rodas celestes" destinara *D. Henrique* a desvendar "coisas que a outros homens estavam encobertas, em altas e fortes conquistas". As dúvidas que cercam a vida e as reais realizações do Infante começam justamente no texto elogioso de Zurara, que era um protegido de D. Henrique, cavaleiro e comendador da Ordem de Cristo, escrevendo por encomenda dele e sob seus auspícios. Quase todas as análises da obra do Infante se baseiam no texto de Zurara.

Assim sendo, o papel de D. Pedro, irmão mais velho do Infante — que já cairia em desgraça na época que Zurara escreveu os clássicos *Crônica da Tomada de Ceuta* e *Crônica dos Feitos da Guiné* —, foi sempre subestimado. Mas sabe-se que foi depois que o culto e letrado D. Pedro realizou uma longa viagem pela Europa e o Oriente — trazendo mapas e livros, entre os quais o de Marco Polo (que ele mesmo traduziu para o latim) — que D. Henrique começou a lançar suas expedições pelo Mar Tenebroso.

De acordo com Zurara, foram "cinco as razões pelas quais o Senhor Infante foi movido a mandar buscar as terras da Guiné". A segunda delas era "aumentar a santa fé de Nosso Senhor Jesus Cristo, e trazer a ela todas as almas

que se quisessem salvar". Ao longo de 40 anos de navegações, porém, D. Henrique jamais enviou qualquer missionário à África. As outras "quatro razões" do Infante eram, segundo Zurara, "saber a verdade" sobre as terras que existiam além das ilhas Canárias, descobrir se haveria ali algum reino cristão, estabelecer uma aliança com esse suposto reino e averiguar a real influência árabe na África. A interpretação moderna das "cinco razões" levaria certos historiadores lusos a atribuir ao Infante o plano de contornar a África para chegar à Índia. Mas esse jamais parece ter sido seu real objetivo.

O NAVEGANTE

Embora cognominado "O Navegante", D. Henrique não era um homem do mar — pelo qual raramente viajou. Na verdade, só cruzou duas vezes o Mediterrâneo, em ambas para atacar os "infiéis" em Marrocos. Mas jamais singrou o Mar Tenebroso, o Atlântico — o oceano que ele incorporou à geopolítica européia. O fato de o Infante quase nunca ter posto os pés numa embarcação é um dos argumentos mais usados por seus detratores. No entanto, ele parece confirmar que a saga deflagrada pelo Infante era, de fato, uma aventura da mente — e, nesse sentido, uma ação de cunho investigativo. D. Henrique também foi um dos primeiros estadistas europeus a vislumbrar os oceanos não como barreiras intransponíveis, mas como uma ampla rota comercial ao redor do planeta.

A ESCOLA DE SAGRES

De qualquer forma, das razões apontadas por Zurara como as que levaram o Infante a armar suas expedições, a primeira e a primoridal delas parece de fato ter sido autêntica. D. Henrique decidira "descobrir a verdade sobre a terra que estava além das Canárias, porque até então não havia ninguém na Cristandade que disso soubesse, nem das cartas de marear nem de mapas-múndi". Neste sentido, D. Henrique, de fato, se tornaria o patrono de uma aventura metódica e científica de caráter "moderno".

Para realizá-la, começou a atrair para o Algarve sábios, cartógrafos, astrônomos e astrólogos — especialmente judeus que, desde meados do século XIV, fugiam das perseguições que se desencadeavam na Espanha. Com esses refugiados, D. Henrique fundou, então, a Escola de Sagres — que existiu apenas no sentido filosófico da palavra. Ao contrário do que a maior parte dos livros segue

Nenhuma imagem autêntica do Infante D. Henrique sobreviveu à sua época. Seu retrato mais conhecido, reproduzido na página ao lado, foi feito em 1.478 e faz parte dos monumentais Painéis de São Vicente, *mandados pintar pelo rei Afonso V. Mas trata-se de uma visão estilizada. A representação mais próxima da verdade parece ser a escultura* (abaixo) *talhada na fachada sul do Mosteiro dos Jerônimos em Lisboa, feita em 1500, 40 anos após a sua morte. Nela, o Infante, vestido com o hábito da Ordem dos Cavaleiros de Cristo, aparece como o que de fato parece ter sido: um cruzado medieval, pronto a combater os infiéis onde quer que eles estivessem. O Infante D. Henrique só começou a ser chamado de "O Navegador" em livros publicados no século XIX.*

afirmando, jamais houve um espaço físico, um centro de estudos, e muito menos um observatório, na ponta de Sagres — onde, segundo o geógrafo grego Strabo, os celtas e os iberos achavam que os deuses faziam suas reuniões noturnas.

D. Henrique de fato esforçou-se para iluminar a "ponta sagrada" com o facho da ciência, varrendo de lá as sombras do mito — como os continuadores de sua obra fariam entre as sociedades nativas da América. Mas, ao contrário do que afirma a lenda, o Infante o fez a partir da vila de Lagos, localizada em uma ampla baía — e não de um cabo vertiginoso de onde seria impossível zarpar.

O principal assessor de D. Henrique foi Jehuda Cresques, judeu catalão, filho e continuador da obra de Abraão Cresques, o brilhante cartógrafo nascido na ilha de Maiorca, autor do célebre *Atlas Catalão*, feito em 1375-77. Em 1420, Jehuda — ou Jaffuda, ou Jaime — chegou a Sagres trazendo o trabalho do pai. No *Atlas* de Abraão, logo abaixo das Canárias, havia uma referência ao "rio do ouro" e ao reino opulento do imperador *Mussa Mali*. A conquista dessa região tornou-se uma obsessão para D. Henrique.

Depois de se debruçar sobre os mapas trazidos pelo irmão D. Pedro e por Jehuda Cresques, o Infante concluiu que a melhor forma de chegar ao "rio do ouro" era a partir das ilhas Canárias — que ele decidiu conquistar. Essa é mais uma das ironias que cercam o papel histórico de Henrique: embora o cavaleiro de Cristo tivesse jurado atacar árabes e berberes onde quer que estivessem, ele iniciou sua aventura expansionista atacando uma possessão castelhana.

De fato, as Canárias eram tidas como parte da antiga Província da Tingitânia (parte dos domínios de Tingis,

CAPITANIAS HEREDITÁRIAS

Chamavam-se de "capitanias hereditárias" os grandes lotes de terra,
localizados em possessões ultramarinas, que a Coroa portuguesa
doava a membros da alta e da pequena nobreza — denominados
"donatários" — concedendo-lhes
grandes poderes, mas lhes incum-
bindo também da responsabilidade
de investir na ocupação e colonização das terras recebidas. De
fato, os poderes dos donatários
eram quase absolutos, mas as
despesas com todo o processo de colonização eram inteiramente deles. A
origem das capitanias hereditárias
está no sistema chamado de "senhorio português", um método feudal
de ocupação de terras utilizado no
século XIII para desenvolver os
amplos territórios conquistados aos
árabes no Alentejo, ao sul de
Lisboa. As capitanias foram uma
evolução do sistema de senhorio e
muitos historiadores já viram nelas
um cunho mais "capitalista" do
que feudal. A fórmula, também
chamada de "donataria", foi aplicada com sucesso pelo Infante D.
Henrique para colonizar as ilhas
desabitadas da Madeira e Açores,
na segunda metade do século XV.

hoje Tânger), que tinham pertencido ao Império Visi-
gótico e, por isso, eram herança direta dos reis de Castela.
Em 1425, com o apoio do papa Eugênio IV, o Infante enviou uma expedição com 2.500 homens e 120 cavalos para
dominar as Canárias. O ataque fracassou. Com a polêmica
legal que se seguiu, o papa foi forçado a retirar seu apoio
ao audacioso plano de D. Henrique.

Ainda assim, os lusos continuariam tentando tomar as Canárias por mais de 10 anos. Em meio ao processo, descobriram as ilhas de Porto Santo, Madeira e dos
Açores — que eram desabitadas. Essas ilhas, significativamente colonizadas por antepassados de Pedro Álvares Cabral e Cristóvão Colombo, se tornariam uma espécie de la-
boratório onde os portugueses experimentaram técnicas de
ocupação e conquista de territórios selvagens. A ilha da
Madeira — chamada assim por causa de suas florestas —
foi queimada durante sete anos ininterruptos. Na terra
arrasada, surgiram os primeiros canaviais do Atlântico. Os
coelhos introduzidos em Porto Santo por Bartomoleu Pe-
restrelo (futuro sogro de Colombo) devastaram a ilha.
Quando a Coroa desistiu de investir na ocupação desses
arquipélagos, transformou-os em *capitanias hereditárias* —
como depois faria no Brasil. Mais tarde, essas ilhas, junto
com as Canárias e as do Cabo Verde, viraram escala fundamental para as expedições que iam não só para a África mas
para a América. O Infante se tornaria assim o patrono da
colonização européia no além-mar.

Embora um de seus supostos objetivos fosse o de
"conquistar almas", D. Henrique se revelaria um herdeiro
genuíno do fanatismo dos templários, pois, além de virar o

60

padrinho das explorações ultramarinas, tornou-se também o padroeiro da saga escravocrata dos europeus. De fato, apesar dos recursos da Ordem de Cristo serem imensos, as viagens patrocinadas por D. Henrique eram caras e deficitárias. Só depois que seus navios começaram a trazer os primeiros escravos a Portugal, em 1444, o Infante obteve lucro com a aventura exploratória que ele iniciara em 1419.

O Cabo do Medo

Impedido de tomar as Canárias, D. Henrique se viu forçado a enviar seus navios diretamente para a terrível e desértica costa africana ao sul dessas ilhas. Mas, para fazê-lo — fosse para alimentar sua ganância, fosse para saciar a sede de sua curiosidade cosmográfica —, o Infante teve primeiro que forçar seus navegadores e vencer um obstáculo de tal forma aterrador que fora batizado de Cabo Não. Esse último promontório cartografado na costa africana era, muito mais do que a ponta de Sagres, o verdadeiro limite do mundo conhecido — a autêntica *finnis terra* do Ocidente. Um provérbio, balbuciado nas tavernas portuárias de Lagos, assegurava, em tom de ameaça:

Aquele que ultrapassar o Cabo de Não
Ou voltará ou não

Se na poesia o navegante imprudente o bastante para mergulhar no desconhecido dispunha de duas alternativas, na vida real as chances de retorno eram consideradas virtualmente nulas. Depois do cabo do medo, as correntes de fato se invertiam, os ventos alísios sopravam de nordeste

O regime dos ventos, assinalado no mapa abaixo, mostra como era difícil a navegação das ilhas Canárias de volta para Portugal. Do Cabo Bojador para o Sul, os ventos alísios sopram de nordeste, empurrando os navios no rumo do desconhecido. Os navegantes do século XV achavam que seria impossível retornar para a Europa depois de passar do cabo do medo, tanto no inverno como no verão. O mapa assinala também a localização dos cabos Juby e Drâa e a rota das caravanas que cruzavam o Saara.

o ano inteiro e, entre os velhos marinheiros do Algarve e do Mediterrâneo Ocidental, havia a certeza de que aquela era uma barreira intransponível.

Para além dos limites da geografia do imaginário, o real Cabo Não é de difícil identificação. Alguns estudiosos querem associá-lo com o atual Cabo Juby, a 28º de latitude norte, na costa de Marrocos; outros preferem identificá-lo com o Cabo Drâa, 200 quilômetros mais ao norte (*veja o mapa ao lado*). De todo o modo, não seria nem o Juby nem o Drâa que iriam se tornar o temível promontório que, por 12 longos anos, barrou decididamente o avanço dos navegadores de D. Henrique rumo aos limites setentrionais da costa africana, exigindo que pelo menos 15 expedições fossem enviadas até lá antes que a primeira fosse capaz de suplantá-lo.

O autêntico papel de *non plus ultra* seria desempenhado pelo terrificante Cabo Bojador, localizado em território hoje pertencente ao Saara Ocidental (a antiga possessão até 1976 chamada de Saara Espanhol, ao sul de Marrocos): "Não ouseis ultrapassá-lo!". O Bojador, ou "cabo que boja" (expressão originária da palavra espanhola *bojo*, que significa "saliência proeminente" ou "barriga"), mal pode ser visto em mapas que representam todo o continente africano. Localizado a 26º 6' de latitude norte, ele surge hoje na forma de uma minúscula bossa no contorno

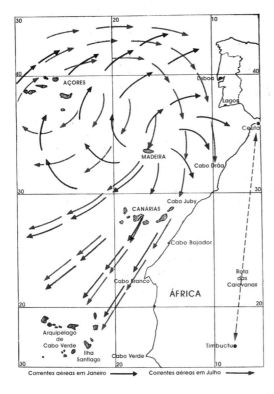

Correntes aéreas em Janeiro ——▶   Correntes aéreas em Julho ——▶

costeiro da África do Norte. E, no entanto, ali se erguia não apenas um poderoso obstáculo natural mas, acima de tudo, uma paralisante barreira mental.

O Bojador de fato é um cabo baixo, sem nada da imponência ameaçadora de promontórios majestosos como o Cabo da Boa Esperança e o Cabo Horn, que os lusos contornariam no século seguinte. Ainda assim, representava um desafio formidável aos navegantes quatrocentistas. Cercado de vagalhões funestos, revolvendo-se entre as cascatas de areias rubras que se esboroavam ao desprenderem-se de penhascos rochosos, o Bojador, ainda hoje, freqüentemente se encontra envolto nas brumas provocadas pelas tempestades de areia sopradas pelo Saara. Ao seu redor, o mar "ferve" sobre recifes de arestas aguçadas. Quem haveria de duvidar que ali estava o autêntico portal do "Mar Tenebroso", como era chamado o Atlântico?

As lendas tinham um fundamento de verdade. Como Zurara anotou em sua *Crônica dos Feitos de Guiné*, publicada em 1454, o Bojador se tornava ainda mais perigoso porque, ao redor dele, "o mar é tão baixo que a uma légua da terra não há de fundo mais do que uma braça". Ou seja: a 5 quilômetros da costa, a profundidade em torno do cabo era de apenas 2 metros. Escrevendo um século mais tarde, quando os portugueses já haviam dissipado os mitos que envolviam o cabo do medo, Duarte Pacheco — um dos maiores navegantes lusos de todos os tempos e tido por alguns como o verdadeiro descobridor do Brasil — alertaria em seu guia de navegação, o *Esmeraldo de situ orbis*: "Este Cabo Bojador é muito perigoso por causa de uma mui grande restinga de pedra que dele sai ao mar mais de 4 ou 5 léguas, na qual já se perderam alguns navios, por mau aviso."

Além do mais, na mente dos navegantes, o Bojador estabelecia também o início da "tórrida zona" que — de acordo com Ptolomeu e os geógrafos antigos — era inabitável, pois que se encontrava "tanto dentro no fervor do sol, que de brancos que os homens são, se lá for algum de nós, ficará (se escapar) tão negro como são os guinéus, vizinhos a esta quentura". Por que então o Infante exigia que seus mareantes partissem em direção aos limites do mundo? Estimulados a empreender a viagem, eles se perguntavam, segundo Zurara: "Como passaremos os termos que puseram nossos pais, e que proveito pode trazer ao Infante a perdição de nossas almas juntamente com os corpos, que conhecidamente seremos homicidas de nós mesmos?"

Ainda assim, entre 1424 e 1433, D. Henrique enviou 15 expedições com a pesada missão de sobrepujar o cabo maldito. Todas fracassaram. Em 14 de agosto de 1433, o rei D. João I morreu — no dia exato de seu 77º aniversário, no dia do 48º aniversário de sua vitória em Aljubarrota e um dia antes do 18º aniversário da tomada de Ceuta. Seu filho mais velho, D. Duarte, assumiu o trono — e manteve o apoio integral da Coroa às missões exploratórias do irmão, D. Henrique. Poucas semanas após a morte do pai, D. Henrique confiou a um de seus mais fiéis escudeiros, Gil Eanes, a missão de vencer o Bojador. No início de 1434, Eanes retornou derrotado. O Infante o repreendeu com rudeza, exigindo que tentasse novamente. Nascia o lema "navegar é preciso, viver não é preciso".

Em maio de 1434, Eanes aparelhou uma *barca* de 30 toneladas, com um só mastro e uma única vela redonda, movida também a remos e parcialmente coberta. Com ela, ao chegar nas proximidades do cabo, decidiu manobrar para o Ocidente, preferindo arriscar-se nos perigos desconhecidos do alto-mar do que nos perigos conhecidos do Bojador. Após um dia inteiro de navegação longe da costa, dobrou para sudeste e descobriu que deixara o cabo atrás de si. Ao invés de encontrar ondas ferventes, deparou com uma baía plácida, repleta de cardumes nadando num "mar tão chão e navegável como na costa portuguesa". Eanes desembarcou no deserto arenoso e, por achar que "devia trazer algum sinal de terra, pois que em ela saía, apanhei estas ervas que aqui apresento a vossa mecê, as quais nós em este reino chamamos de rosa de Santa Maria".

Foi como se uma maldição tivesse sido conjurada. A "sombra do medo" fora afastada e a saga exploratória de D. Henrique poderia proseguir.

O Início do Périplo Africano

Em 1435, Gil Eanes, feito cavaleiro da Ordem de Cristo como prêmio por sua bravura, voltou ao Bojador com um navio de maior tonelagem, acompanhado de Afonso Gonçalves Baldaia. Usando a mesma tática para vencer outra vez o cabo, eles avançaram cerca de 200 quilômetros mais para o sul, chegando à Angra dos Ruivos. A 24º 51' de latitude, a baía, batizada em função dos peixes vermelhos lá avistados, ainda mantém o mesmo nome e, como o Bojador, fica na costa praticamente desabitada do

Saara Ocidental. Eanes e Baldaia desembarcaram na praia e não viram habitação alguma, mas encontraram pegadas de homens e de camelos. Desta vez, o navio no qual ambos viajaram era um *barinel*. Com cerca de 50 toneladas (o dobro do que viriam a ter as caravelas), era o maior barco até então utilizado nas viagens lusitanas.

Em 1436, Baldaia prosseguiu no reconhecimento da costa, chegando ao que julgou ser a embocadura do rio do Ouro. Duplo engano: ali ele não encontraria nem rio nem ouro. Tratava-se tão-somente de um longo braço de terra que penetrava mar adentro, hoje chamado de Punta Durnford, localizada quase em cima da linha do Trópico de Câncer (ainda em território do Saara Ocidental). Não era a tão procurada foz "de rio cabedal" — que, depois de debruçar-se sobre o *Atlas* de Abrãao Cresques e os mapas obtidos dos prisioneiros em Ceuta, D. Henrique pretendia "atingir pelo flanco" e, por essa via fluvial, chegar ao interior do continente, onde ficavam as "fontes produtoras do ouro do Sudão". Ainda faltavam 800 quilômetros e oito anos de exploração para que o Senegal — "braço ocidental do Nilo" e rio do "comércio mudo"— fosse descoberto.

Na costa arenosa, varrida pelos ventos, Baldaia fez desembarcar dois jovens soldados, Heitor Homem e Diogo Lopes de Almeida. A cavalo, os "mancebos", armados de lanças e espada mas sem armaduras, seguiram "ao longo daquele rio por espaço de sete léguas (*cerca de 40 km*), onde acharam 19 homens, em grupo, sem outras armas para ofensa nem defesa, somente azagaias (*lanças curtas*)". Embora aquele fosse o primeiro desembarque de europeus em terras da África desconhecida, desde as colônias cartaginesas dos romanos, Almeida e Homem atacaram primeiro para fazer perguntas depois. Mas o grupo de nômades escondeu-se em morretes pedregosos e os jovens guerreiros não foram capazes de capturar nenhum.

De todo modo, aquele revelou-se um momento de alta importância, pois o fato de os portugueses terem deparado com tribos itinerantes comprovava a tese de que já estavam no "território dos pagãos", para além do Islã, e que a muralha da civilização árabe fora flanqueada. Além do mais, de acordo com pelo menos um historiador, "o ataque de dois rapazes sobre um grupo de homens feitos e 10 vezes superior em número era a profecia das próximas conquistas da Europa cristã nos novos mundos que ela andava a procurar no Sul".[2]

A expedição de Afonso Baldaia iria adquirir ainda um outro significado simbólico, pois, navegando mais 200 quilômetros para o sul, até o lugar que chamou de Pedra da Galé (talvez o atual Cabo Bardas, a 22° de latitude), o capitão decidiu caçar focas, enchendo o navio "de coirama e azeite daqueles lobos-marinhos". As peles e o óleo foram o primeiro carregamento comercial e os primeiros produtos "exóticos" que os navegadores de D. Henrique trouxeram por si próprios para Portugal. Era o início de uma nova era para a navegação comercial. Estimulados pelos lucros que vislumbraram nesses produtos, os navegadores de D. Henrique começariam a modificar o mundo estreito e fechado em torno de si mesmo dos geógrafos antigos e da Igreja medieval, transformando-o no globo moderno.

No exato instante em que as explorações henri-quinas chegavam a esse momento auspicioso, uma grave crise política se abateu sobre Portugal — com o Infante envolvido no seu epicentro. Tão funestos foram esses acontecimentos que por quatro anos as viagens marítimas seriam interrompidas. No início do segundo semestre de 1437, como se nostálgico das glórias que desfrutara em Ceuta duas décadas antes, D. Henrique — estimulado por seu irmão caçula, D. Fernando — planejou um audacioso ataque a Tânger, em Marrocos. Como, além de arriscada, a empresa era dispendiosa, o reino encheu-se de "murmura-ção e descontentamento do povo".

O rei D. Duarte, filho de D. João I e irmão mais velho de D. Henrique, acabou concordando com a expedi-ção — apesar da resistência do outro irmão, D. Pedro, que também era mais velho que D. Henrique e, por isso mes-mo, era o segundo na linha sucessória. Em 22 de agosto de 1437, D. Henrique e D. Fernando partiram de Lisboa com os únicos 6 mil soldados que conseguiram arregimentar: a resistência da população ao projeto fora tanta que muita gente fugira de Lisboa para escapar à convocação.

Em 10 de setembro, o exército comandado por D. Henrique tomou Tetuã. No dia 13, porém, foi inapelavelmente rechaçado em Tânger. A 10 de outubro, cercados e famintos na periferia da cidade, os lusos rece-beram uma proposta de "paz honrosa": seu exército deve-ria retornar desarmado para Portugal, e Ceuta e seus cativos serem devolvidos aos mouros. Em troca, seria firmada uma paz de 100 anos. Sem outra opção, D. Henrique aceitou a oferta — e, como garantia do cumprimento do trato, deixou D. Fernando, de 35 anos, prisioneiro em Tânger. Houve desespero e consternação na volta a Lisboa. Ainda assim, a Coroa e a Santa Sé decidiram não devolver Ceuta. Por seis anos D. Fernando permaneceria em sombrias masmorras árabes. Só a morte, a 9 de julho de 1443, pôs fim ao seu súplicio.

O martírio do irmão parece ter sido demasiado para o rei D. Duarte: em 9 de setembro de 1438, ele morreu, vitimado num grande surto de peste. D. Duarte assumira o trono cinco anos antes. Através de uma lei promulgada em abril de 1434, ele lançara as bases do absolutismo monárquico em Portugal. Sua morte abriria uma grave crise política, pois acordos antigos estabeleciam que, enquanto seu filho, o infante D. Afonso, de apenas seis anos, não atingisse a maioridade, a regência deveria ficar nas mãos da antiga rainha-mãe, D. Leonor — profundamente ligada à Castela. Revoltada com a possibilidade de o trono ficar nas mãos de uma mulher estrangeira, a corte forçou D. Pedro a assumir a regência — e a permanecer no cargo até janeiro de 1446, quando seu sobrinho, coroado D. Afonso V, subiu ao trono, aos 14 anos. Três anos mais tarde, intrigas da nobreza jogariam Afonso V contra D. Pedro, que foi demitido do cargo de conselheiro do rei. Em maio de 1449, D. Pedro enfrentou o exército real, e foi morto da batalha de Alfarrobeira. Seu papel no ciclo das descobertas jamais viria a fazer parte das crônicas oficiais.

Durante as perturbações da Regência, os mareantes do Algarve e os astrônomos de Sagres tiveram a pausa de que precisavam para resolver os novos problemas técnicos estabelecidos pela navegação atlântica. Para enfrentar os perigos do alto-mar, os lusos já tinham substituído a barcha pelo barinel — um navio de proa alterosa, com capacidade para 50 tonéis, castelo de popa e dois mastros. Mas o barinel — como indica o próprio nome, originário da palavra inglesa *balener* — era um navio destinado à pesca da baleia no Mar do Norte. Tal como a barcha (*veja boxe na página anterior*), possuía velas redondas (embora assim chamadas por causa da forma que adquiriam quando infladas pelo vento, essas velas eram, na verdade, grandes panos quadrangulares).

Mas, após o Bojador, os ventos que "alisavam" o mar — os alísios, portanto — sopravam de nordeste, empurrando os navios para o sul. Assim, barchas e barinéis eram submetidos a terríveis dificuldades na viagem de volta a Portugal, no Norte. Para navegar contra o vento, os lusos desenvolveram então um novo tipo de navio: *a caravela* de velas latinas. Velas latinas são panos triangulares, de borda rígida, capazes de gerar uma força propulsora na direção oposta à do vento — o que permitia a execução da manobra que, em linguagem náutica, se chama "bolinar".

Embora fosse uma adaptação do *caravo*, antigo barco de pesca árabe, a "invenção" da caravela constitui uma das maiores obras do engenho lusitano. Ela não só abriu uma nova era na história da navegação como sua construção foi a base a partir da qual a indústria naval portuguesa adquiriu um impulso espantoso. De fato, nos estaleiros de Lagos e de Lisboa floresceu uma das primeiras indústrias com tecnologia de ponta européia. Em breve, uma bem paga elite profissional de carpinteiros e calafates, trabalhando afanosamente e produzindo navios cada vez melhores, iria revolucionar a economia.

Em 1508, mais de 300 mestres labutavam na Ribeira das Naus, em Lisboa. Um século depois, esse estaleiro (*abaixo*) produzia 800 navios de 500 t por ano: cada um consumia 2.200 paus de sobro e 1.800 de pinho. Embora protegidas por lei e só cortadas na lua certa, madeiras nobres — como o sobro usado no cavername, o pinho dos tabuados e o carvalho das quilhas — foram dizi-

madas. Ainda assim, a construção naval foi o motor de indústrias subsidiárias, como a manufatura de cânhamo para os cabos e a de linho para as velas.

Não foi apenas nos domínios da engenharia naval que os lusos se viram forçados a introduzir inovações revolucionárias. Quando os navegadores de D. Henrique se dispuseram a ir mais longe do que aonde os europeus jamais tinham chegado — trocando a segurança do Mediterrâneo (o "mar no meio da Terra") pelas amplitudes do mar-oceano (do grego *Okeanós*, ou "mar circundante") —, eles se defrontaram com problemas específicos da arte de navegar.

As costas mediterrâneas, banhadas pelo "mar fechado", jamais ficavam a mais de 800 km uma da outra, no sentido norte-sul, ocupando apenas 7º de latitude. Mas a costa africana se estende de 38º de latitude norte a 38º de latitude sul, distância que equivale a 1/5 da volta do globo. De início, para calcular o ponto em que seus navios se  encontravam, os navegadores se baseavam na altura em que a Estrela Polar se encontrava do horizonte. À medida que avançaram para o sul, os lusos viram esse signo universal de localização "afogar-se" no horizonte norte. A cosmopolita comunidade que D. Henrique atraíra para Sagres — da qual fariam parte o astrônomo Abraão Zacuto e o matemático José Vizinho, todos judeus fugidos das perseguições de Castela — desenvolveu ou aperfeiçoou tabelas matemáticas com a declinação dos astros e admiráveis instrumentos de navegação, entre os quais o quadrante, *o astrolábio*, a agulha de marear (espécie de bússola), a *balestrilha* e o noturlábio (um tipo de astrolábio usado à noite, com a luz das estrelas), além de aprimorar os rudimentares portulanos, antigos mapas náuticos feitos pelos árabes em peles de carneiro ou em pergaminhos.

O REINADO DAS CARAVELAS

Sob o signo de tão grandes inovações, o impulso exploratório lusitano foi retomado e a aventura do périplo africano se reiniciou. Em abril de 1441, a bordo de uma caravela, Nuno Tristão, "cavaleiro mancebo criado de pequeno na câmara do Infante",[3] chegou a um promontório resplandescente de alvura, que batizou de Cabo Branco (hoje Noaudhibou, nordeste da Mauritânia). Na viagem de volta, encontrou-se com o navio de Antão Gonçalves, "guarda-roupa do Infante e homem assaz de nova idade",[4] ancorado nos baixios do falso rio do Ouro.

Ali, depois de carregar o navio de peles e óleo de focas, Gonçalves, "por achar vergonhoso retornar à presença do Infante com tão pouco serviço prestado",[5] decidiu capturar dois nativos. Esses azenegues — berberes islamizados — foram os primeiros cativos trazidos da África para Portugal. Um deles era um nobre de nome Adahú, através do qual — via intérpretes mouros — D. Henrique enfim tomaria "conhecimento de mui grande parte das cousas daquela terra".[6] As notícias dadas por Adahú foram de tal forma auspiciosas que o Infante de imediato enviou um embaixador a Roma para obter uma bula papal que lhe concedesse não apenas o monopólio no comércio com a

A BALESTRILHA

A balestrilha também era utilizada para avaliar a latitude, mas à noite, medindo a altura das estrelas. Constituía-se de duas réguas, uma horizontal (o virote), com escala em graus, e outra vertical (a soalha). A extremidade inferior da soalha era alinhada com o horizonte, enquanto a superior buscava se alinhar com a estrela observada. A posição que a soalha adquiria no virote depois desse alinhamento marcava a altura da estrela em graus.

África como a autorização para "fazer a guerra contra os infiéis, tirar-lhes as terras e escravizá-los". O papa Eugênio IV assinou tal bula em 19 de dezembro de 1442, e Nicolau V renovou-a em junho de 1452. Estava nascendo um império escravagista.

Em 1443, Nuno Tristão chegou à ilha de Arguim, coalhada de flamingos, a 20° 8' de latitude norte na atual Mauritânia, pouco abaixo do Cabo Branco. Ali, cinco anos mais tarde, D. Henrique fundaria a primeira feitoria lusa na África — modelo de muitas outras estabelecidas nos séculos seguintes, não só na África mas no Brasil, na Índia e no Japão. Lá, os portugueses trocavam trigo, tecidos e cavalos por ouro em pó, marfim e, sobretudo, por escravos. As rotas comerciais começaram, enfim, a se desviar de Marrocos.

Na viagem seguinte, em 1444, ao vislumbrar um rio ladeado por "altas palmeiras" — como, 30 anos antes, os cativos de Ceuta haviam dito ao Infante —, o mesmo Nuno Tristão percebeu que finalmente atingira o "rio do Ouro". Mas o "ouro" que os portugueses logo passaram a explorar ali não era amarelo. A região que se inicia a partir do delta verdejante do Senegal foi batizada pelos navegadores do Infante como "Terra dos Verdadeiros Negros". Poucos meses antes, Antão Gonçalves estivera nas cercanias desta mesma zona, onde capturou 200 negros, que levou para vender em Portugal.

Embora as jornadas exploratórias prosseguissem, o comércio de escravos e, depois, o de pimenta malagueta (de qualidade inferior, mas mais barata do que a da Índia), de ouro e de marfim não só batizariam várias regiões da costa

74

Desde que fora informado da fabulosa riqueza do reino de Mali, o Infante D. Henrique se propusera a conquistar essa terra opulenta. Quando seus navegadores chegaram às costas da Guiné, esse objetivo foi alcançado. De fato, no interior da misteriosa África Equatorial, existiam muitas minas de ouro. O nome Guiné provavelmente provém de Gana, como os nativos chamavam a vasta área antes ocupada pelo império de Mali. O ouro extraído dali foi tanto que uma das primeiras moedas cunhadas na Inglaterra chamou-se "guinea". O metal chegara a Londres via Portugal. Mas a verdadeira fonte de lucros dos lusos, que batizaram a Guiné de "Terra dos Verdadeiros Negros", foi outra. Ali eles iniciaram o tráfico de escravos, dizimando tribos inteiras (abaixo).

da África (os topônimos Costa do Ouro, Costa do Marfim, Costa da Pimenta e Costa dos Escravos se manteriam por séculos) como iriam movimentar 25 caravelas por ano. Malagueta, marfim e ouro eram rentáveis, mas o verdadeiro lucro das expedições de D. Henrique vinha do tráfico de escravos. Lisboa e Lagos tornaram-se os portos escravagistas mais ativos da Europa, reativando um comércio em extinção desde a Idade Média. De fato, um dos trechos mais citados da *Crônica dos Feitos da Guiné* se tornaria aquele no qual Zurara descreve a cena desenrolada durante uma partilha de escravos, ocorrida a 8 de agosto de 1448, no porto de Lagos, no Algarve, em Portugal:

"Qual seria o coração, por duro que ser pudesse, que não fosse pungido de piedoso sentimento, vendo assim aquela campanha? Que uns tinham as caras baixas e os rostos lavados com lágrimas, olhando uns contra os outros; outros estavam gemendo mui dorosamente, esguardando a altura dos céus, firmando os olhos em eles, brandando altamente, como se pedissem socorro ao Padre da Natureza; outros feriam o seu rosto com suas palmas, lançando-se estendidos em meio do chão; outros faziam lamentações em maneira de canto, segundo o costume de sua terra, nas quais, posto que as palavras não pudessem ser entendidas, bem correspondiam ao grande grau de sua tristeza. Mas para seu dó ser mais acrescentado, sobrevieram aqueles que tinham sido encarregados da partilha e começaram de os apartar uns dos outros, a fim de porem seus quinhões em igualeza;

onde convinha de necessidade apartarem os filhos dos padres e as mulheres dos maridos e os irmãos uns dos outros. A amigos nem a parentes não se guardava nenhuma lei, somente um caía onde a sorte o levava."

Montado em "seu poderoso cavalo", D. Henrique assiste à cena e recebe seu quinto: 46 cativos. Após afirmar que o Infante "tinha em mente a salvação daquelas almas, que antes eram perdidas", Zurara assegura que, em Portugal, os escravos eram "mui docemente tratados, que eu nunca vi a nenhum deles a ferro, pois que nunca mais pensavam em fugir, antes se esqueciam de sua terra, atraídos pela bondade da nova".

Em 1445, Dinis Dias, "nobre escudeiro que fora criado do rei D. João", viajando às próprias expensas, atingiu o Cabo Verde (14° 7' de latitude norte), assim denominado porque, em contraste com a costa explorada até então, "arenosa e desacompanhada de árvores, como coisa em que faleciam as águas", esse promontório marcava o início das vastas florestas tropicais. Antes de aproximar-se da costa, Dinis Dias e seus homens haviam aspirado aromas tão inebriantes que julgaram estar "em algum gracioso pomar".

No ano seguinte, Nuno Tristão cruza o Cabo Verde e penetra, com barcos a remo, 100 km pelo rio Geba (hoje, na Guiné Bissau), onde é morto por uma flecha envenenada. Em 1447, o jovem Álvaro Fernandes, sobrinho do descobridor da ilha da Madeira, João Gonçalves Zarco, avança até a atual Conakry, na Guiné (9° 8' de latitude norte). Na volta, após ser ferido também por seta envenenada, enche dois barris com a água do rio Senegal e os leva

As narrativas de Alvise de Cadamosto se constituem em um dos melhores relatos de viajantes de todos os tempos. Interessado em conhecer os povos africanos, ele passou quatro semanas como hóspede do rei Budomel, num local a 80 km ao sul da foz do Senegal, 40 km no interior. "Esses negros, homens e mulheres, juntaram-se para me ver como se eu fosse algo de maravilhoso", escreveu. "Esfregaram-me com saliva para ver se a minha brancura era tinta ou carne. Ao verem que era carne, ficaram estupefatos." Mais tarde, Cadamosto — que já ficara profundamente impressionado com os hipopótamos, que chamou de "peixe-cavalo" — narrou orgulhosamente o momento em que comeu carne de elefante, às margens do rio Gâmbia, em 1456: "Mandei cortar um pedaço e, depois de grelhá-lo, o comi a bordo, para poder dizer que tinha comido a carne de um animal que nunca tinha sido até então comida por qualquer dos meus conterrâneos." Apesar de achar a carne "dura e insípida", Cadamosto mandou salgá-la e a levou para Lagos, de modo que seu patrão, D. Henrique, também pudesse provar dela.

para o Infante. "Não sei se Alexandre, que foi um dos monarcas do mundo, bebeu em seus dias água que de tão longe lhe fosse trazida", anotou Zurara. A partir de então a resistência dos nativos e as perturbações políticas do final da Regência impõem nova pausa de oito anos às viagens.

Em 1455, as navegações henriquinas ganham novo impulso com a contratação de três navegadores italianos. Antonio Usodimare e Antonio de Noli eram genoveses — herdeiros indiretos de Manuel Pessanha (ou Pessagno), também nascido em Gênova, o autêntico pai-fundador da marinha lusitana, que ele criou a partir de 1317, depois de ser contratado pelo rei D. Dinis. O outro navegador era o veneziano Alvise de Cadamosto, precursor de grandes navegadores italianos como Colombo, Caboto e Vespúcio, que também serviriam a príncipes estrangeiros.

Embora nunca tenha avançado além do Cabo Verde, *Cadamosto* iria inaugurar uma nova era nas viagens exploratórias ao redigir relatos minuciosos e empolgantes nos quais descreve os costumes tribais, a vegetação tropical e animais desconhecidos, como o hipopótamo e o elefante. Cadamosto dá origem à linhagem de cronistas que deságua no estilo preciso de Pero Vaz de Caminha.

No dia 29 de maio de 1453, sete anos antes da morte do Infante, os turcos — sob a liderança de um califa significativamente chamado de Maomé II — tomaram Constantinopla (hoje Istambul). Essa conquista acabou definitivamente com o Império Romano do Oriente e se tornou um marco na história da humanidade. Mas, ao contrário do que dizem os livros didáticos, os árabes não suspenderam o comércio com o Ocidente: apenas o concentraram nas mãos de seus aliados na poderosa cidade de Veneza. Alijadas do jogo mercantil, Gênova e Florença — as outras duas cidades-estados da Itália — passaram então a financiar as expedições portuguesas, cuja rota marítima iria se revelar como o único caminho possível rumo às riquezas do Oriente.

Em 13 de novembro de 1460, aos 64 anos, D. Henrique morreu em Sagres. Apenas um terço da costa africana fora desvendada, mas o Infante não só bebera água do Senegal, comera ovos de avestruz e carne de elefante, como lançara as bases da exploração sistemática: para ele, cada passo sobre o desconhecido era um convite para ir além. D. Henrique também comandara a colonização dos Açores e da Madeira, introduzira Portugal na produção açucareira e no tráfico de escravos e enfraquecera o domínio árabe na África. Ao fazê-lo, pavimentou a trilha que levaria os europeus a dominarem o mundo.

Com a morte de D. Henrique, nova interrupção se abateu sobre o périplo africano. D. Afonso V, sobrinho do Infante e rei desde 1446, interessava-se muito mais pela África Árabe, o Magreb, do que pela Negra. Suas conquistas em Marrocos (vingando o "mártir" D. Fernando em Arzila e Tânger, e resgatando seu corpo) o fizeram passar à história como "Afonso, o Africano". Mas, embora em janeiro de 1455, ele tivesse obtido, por bula papal, o monopólio de toda a navegação e comércio com a costa africana abaixo do Bojador, a verdade é que Afonso V decepcionou-se com a África. Havia escravos (cerca de 2 mil por ano chegavam a Lisboa), havia malagueta (os "grãos do paraíso") e havia ouro na Guiné. Mas nada parecia ser em quantidade suficiente para agradar o monarca. Além do mais, a costa daquele imenso continente parecia nunca chegar ao fim.

Assim sendo, em 1469 o "Africano" decidiu conceder a Fernão Gomes, rico mercador de Lisboa, o direito de navegar e comerciar no litoral africano, "com a incum-

bência de descobrir 100 léguas (*ou 600 km*) por ano durante seis anos e entregar ao rei uma taxa anual de 200 mil reais". Os detratores modernos de D. Henrique gostam de lembrar que os navegadores contratados por Gomes precisaram de apenas seis anos para percorrer uma extensão de costa maior do que a que os homens do Infante percorreram em 30. Mas é preciso lembrar que eles o fizeram baseados nas técnicas e táticas que D. Henrique havia desenvolvido.

Embora ao dobrar o Cabo das Palmas, hoje na Libéria, os navegantes de Gomes tivessem alimentado a esperança de haver enfim contornado a África — e suportado a dura decepção que se seguiu —, eles foram os primeiros a cruzar o Equador, sem que nem eles nem seus navios explodissem nas chamas da ira divina. A tese de Ptolomeu, segundo a qual a vida não era possível na "metade inferior do mundo", pôde, então, ser derrubada na prática.

O SONHO E A VISÃO DE D. JOÃO II

Em agosto de 1474, três anos após os navegantes de Fernão Gomes terem chegado à ponta de Santa Catarina (hoje Porto Gentil, no Gabão, a 2° a sul do Equador), cruzando a linha imaginária que dividia o globo ao meio, Afonso V colocou seu filho, o príncipe D. João, de 19 anos, na direção política e econômica da expansão lusa. Em 1481, ao ser aclamado como *D. João II*, o soberano já decidira não só retomar o impulso original de D. Henrique, seu tio-avô, como revesti-lo de ambição ainda maior. Pouco a pouco se revelaria o "grande projeto" de D. João II: contornar a ponta meridional da África e chegar à Índia.

No mesmo ano em que assumiu o trono, D. João II mandou construir, sob a direção de Diogo de Azambuja, a Fortaleza de São Jorge da Mina, a oeste da localidade atual de Cape Coast, próximo a Accra, em Gana. Azambuja chegou a esse ponto estratégico, para onde convergiria toda a rede de comércio entre a África árabe e a África negra, em dezembro de 1481 e obteve a concordância (e a conversão) do rei local, Caramansa. Embora fosse saudada por cronistas da época como "a primeira pedra da Igreja Oriental" que D. João II pretendia fundar, o chamado *Castelo de Elmina* se tornaria o primeiro grande entreposto de escravos da era moderna e o pólo a partir do qual os reinos de Benin e Daomé seriam dizimados. Os primeiros escravos trazidos para o Brasil, em 1533, vieram de Elmina.

Fundada a poderosa base naval que lhe permitiria defender e vigiar seu monopólio africano — que começava a ser invejado e ameaçado por outras potências européias —, D. João II acrescentou a seus títulos o de "Senhor da Guiné" e colocou canhões e bombardas nas caravelas, até

80

então desarmadas. A seguir, iniciou a colonização das ilhas de São Tomé, Príncipe e Fernando Pó — primeiras colônias da Europa na África equatorial, localizadas no golfo da Guiné, a cerca de 100 km da costa do atual Gabão. Como essa era uma zona insalubre para os europeus, D. João II serviu-se de degredados e judeus para a colonizar. Manteve toda essa aventura no mais absoluto sigilo — punindo duramente qualquer suposto delator. Ao mesmo tempo, decidiu prosseguir no descobrimento sistemático da costa africana que se prolongava para o sul.

O homem escolhido para essa missão foi *Diogo Cão*, navegador formado na "escola do Golfo" (a exigente arte de navegar na costa da Guiné). Cão partiu em agosto de 1482 e chegou à foz de um grande rio, que chamou de rio Poderoso. Era a embocadura do Congo, hoje Zaire. Ali, Cão deu início a uma nova fase do périplo africano: ergueu um "padrão", na ainda hoje chamada Ponta do Padrão (6° de latitude sul). Padrões eram colunas de pedra, com cerca de 2,5 m de altura, encimadas por uma cruz e com inscrições em português, latim e árabe, que os lusos passaram a usar como prova de suas descobertas e símbolo de sua fé.

Na seqüência de sua primeira viagem, Cão chegou ao Cabo Lobo (hoje Santa Maria, em Angola, a 13° 6' de latitude sul) e, sem que se possa entender por quê, concluiu que ali a África acabava. Ao retornar ao reino, em abril de 1484, deu a notícia a D. João II. No outono de 1485, Diogo Cão voltaria a partir com a missão de atingir o oceano Índico. Ao ultrapassar o Cabo do Lobo, percebeu seu erro. Quando Cão voltou humilhado da viagem, grande decepção se abateu sobre o reino. D. João II jamais o perdoaria.

O PAI DA MATÉRIA

Em 1455, Johann Gutenberg inventou a impressão tipográfica. Junto com a queda de Constantinopla e com o próprio ciclo de descobrimentos portugueses, a invenção da imprensa é tida como o início da Era Moderna. Ironicamente, uma das conseqüências do advento da imprensa foi a divulgação maciça da obra do geógrafo grego Cláudio Ptolomeu (c.90-164). Uma cópia de Geografia, *o livro clássico de Ptolomeu, fora levada de Constantinopla para Florença em 1400 e impressa em 1475. Com o advento da imprensa, não apenas o livro mas os mapas obsoletos de Ptolomeu se tornaram lucrativos e invadiram o mercado europeu. Ptolomeu (acima) achava que a África e a Índia se uniam ao sul e que não havia passagem marítima conduzindo ao Oceano Índico. As viagens portuguesas o desmentiriam.*

Por esta mesma época, uma completa revolução geográfica estava ocorrendo na Europa. Embora em grande voga por causa do advento da imprensa e por uma reedição feita em 1477, a obra de *Ptolomeu* — mais famosa do que nunca — estava sob ataque cada vez mais cerrado. Dois italianos, Fra Mauro e André Bianco, haviam feito, a pedido de D. João II, mapas-múndi nos quais a África — ao contrário da representação de Ptolomeu — aparecia como uma península que tinha fim e podia ser contornada. Tais mapas apontavam também a existência de várias ilhas "verdadeiras" no Atlântico — inclusive a "ilha do Brasil".

Em 1474, porém, um médico e astrônomo de Florença, Paolo Toscanelli, enviara uma carta para Portugal afirmando que existia uma rota para a Índia bem menor do que a que os lusos estavam seguindo: era a rota do Oeste, através da qual "a extensão dos mares não é tão grande" e "pode-se chegar facilmente (*à Índia*)". Toscanelli acreditava que a Ásia ficava a 3.600 km a oeste das Canárias.

Tal teoria foi logo descartada pelos astrônomos de D. João II — sujeitos brilhantes como Zacuto e Vizinho. Mas em 1477 chegara a Portugal um certo *Cristóvão Colombo*, marinheiro genovês. Ele se instalou no reino, casando-se com a filha do donatário da ilha de Porto Santo, próxima da ilha da Madeira. Junto com Diogo Azambuja, viajou para a fortaleza da Mina, já transformada numa casa de horrores, e onde ele se envolveu com o tráfico de escravos. Na Mina, conheceu Martim Behaim, geógrafo que acompanhara a expedição de Diogo Cão e que em 1492

concluiria um grandioso projeto: a fabricação do primeiro globo terrestre, reformulando as idéias de Ptolomeu.

Nas fervilhantes feitorias da Guiné, Colombo ouviu falar dos segredos da navegação lusitana: as ilhas que existiriam a oeste dos Açores, os misteriosos troncos entalhados que chegavam às praias e a "volta do mar". Começou a ler sofregamente: além do *Imago Mundi*, de Pierre d'Ally, e da reedição de Ptolomeu, ele mergulha na carta de Toscanelli, que veio lhe parar nas mãos e da qual ele tirou a idéia de chegar à Índia pela rota do Ocidente.[7]

Em 1484, Colombo conseguiu uma audiência com D. João II na qual tentou convencê-lo a financiar sua expedição para as Índias pela rota sugerida por Toscanelli. Pediu três navios e a fortuna de 2 milhões de maravedis, antiga moeda usada tanto em Portugal quanto na Espanha. O rei submeteu o projeto a sua junta de astrônomos. Coube ao bispo Diogo Ortiz dizer a Colombo que seu plano era uma quimera irrealizável.

A Esperança num Cabo Tormentoso

Enquanto Colombo negociava com D. João II, o rei já preparava o envio de uma nova expedição em busca do fim da África. Escalou o escudeiro Bartomoleu Dias para chefiá-la. Como funcionário da fortaleza da Mina, Dias se tornara um grande especialista na difícil navegação do golfo da Guiné, com suas calmarias e correntes contrárias. Ele partiu de Lisboa em agosto de 1487, com duas caravelas de 50 toneladas e uma nau carregada de mantimentos — usada pela primeira vez na história das explorações.

Em outubro de 1487, a frota — que contava com a experiência do piloto Pero de Alenquer — chegou ao último ponto visitado por Diogo Cão. Nessa altura, o litoral da África volta a ser desértico: começa ali a terrível costa da Namíbia, depois chamada de Costa do Esqueleto, por causa das centenas de naufrágios que ocorreriam na época em que a viagem de Lisboa à Índia se tornou comum.

Nos últimos dias de 1487, as caravelas de Bartolomeu foram atingidas por uma terrível tempestade, que durou duas semanas e empurrou os navios para longe da costa e para o sul. "E como os barcos eram pequenos e os mares frios, deram-se todos por mortos", escreveu o cronista João de Barros. Quando a fúria da tormenta amainou, Dias navegou para o leste mas não avistou terra. Dirigiu-se então para o norte e, depois de seguir por 800 quilômetros, vislumbrou altas montanhas. Havia contornado a África, sem vê-la (*veja a rota de Dias no mapa do périplo africano*).

Em 3 de fevereiro de 1488, Bartolomeu Dias desembarcou na atual Mossel Bay, a 370 km da Cidade do Cabo. Como a costa seguia para nordeste, Dias navegou mais 500 km tentando entrar no oceano Índico. Mas na altura do atual Great Fish River, sua tripulação amotinou-se e, "cansada e aterrada pelos mares tumultuosos", forçou-o a voltar. Na viagem de volta, a frota passou pela última ponta da África, que Dias batizou de Cabo das Tormentas e do qual foi obrigado a afastar-se aos prantos "como se para sempre se despedisse de um filho condenado ao exílio".[8] Em dezembro de 1488, 16 meses e 17 dias depois de ter partido, Bartolomeu Dias retornou a Portugal. Tinha dobrado a África, mas fracassara em chegar à Índia.

Quando Dias entrou no porto de Lisboa, Cristóvão Colombo estava lá. No início de 1484, Colombo fora praticamente escorraçado do reino. Mas em julho de 1488, D. João II lhe enviara um salvo-conduto, no qual o chamava de "amigo pessoal", convidando-o para visitá-lo. Temeroso de que a expedição de Bartomoleu Dias tivesse fracassado, o rei talvez pensasse em apostar no delírio de Colombo. Mas quando Dias retornou, D. João II viu-se reacender a "boa esperança" de chegar à Índia, mudou o nome do cabo que aterrorizara seus navegadores e dispensou Colombo.

A AMÉRICA E O TRATADO DE TORDESILHAS

A vitória de Portugal foi a decepção de Colombo. Mas, ao mesmo tempo, ela o faria se mudar para a Espanha. E lá, Colombo caiu nas graças da rainha Isabel, obtendo o financiamento para seu projeto de atingir as Índias pela rota do Oeste. Menos de cinco anos depois de deixar Portugal, Cristóvão Colombo teria seu breve instante de glória e poderia se vingar — quase humilhar — o rei D. João II. Em 4 de março de 1493, Colombo foi forçado a aportar em Lisboa para consertar suas duas caravelas, *Pinta* e *Niña*. Estava voltando de sua primeira viagem para o Ocidente — e, segundo afirmou para o rei, que o recebeu na corte, acabara de chegar às Índias, que ficavam (como dizia Toscanelli) a apenas 33 dias de navegação a oeste das Canárias.

D. João II indignou-se. Não por achar que Colombo de fato chegara à Índia (já que seus geógrafos haviam lhe provado que tal façanha era impossível), mas por julgar que aquelas terras, de cuja existência os lusos já suspei-

tavam, também lhe pertenciam por direito. Tal indignação quase fez rebentar uma guerra entre Portugal e Castela depois que o papa Alexandre VI, que era espanhol, assinou, em maio de 1493, a bula *Inter Coetera*, concedendo a Castela a posse de todas as terras "descobertas ou por descobrir" que ficassem a 100 léguas a oeste de Cabo Verde. Portugal recusou-se a reconhecer a validade dessa bula.

O impasse seria resolvido cerca de um ano depois, quando os representantes de D. João II e dos reis Fernando e Isabel reuniram-se na pequena cidade de Tordesilhas, no norte da Espanha, e em 7 de junho de 1494 firmaram um novo tratado dividindo o mundo entre si, com a bênção papal. Mais bem informados que seus rivais, os lusos garantiram, então, a posse de todas as terras a 370 léguas a oeste de Cabo Verde. Assim, assegurando seu domínio não só sobre o litoral do Brasil, mas obtendo também a soberania sobre o amplo espaço oceânico necessário para a realização da "volta do mar", que Bartolomeu Dias julgava, com razão, ser fundamental para cruzar o Cabo da Boa Esperança.

VASCO DA GAMA CHEGA À ÍNDIA

Em 1495, um ano após a vitória em Tordesilhas, D. João II morreu, deixando o reino endividado, e sem ter realizado seus dois maiores sonhos: visitar a África (onde não pôde ir pela falta de dinheiro) e descobrir a rota marítima para as Índias. Seu cunhado, D. Manoel I, assumiu o trono por vias tortuosas. Apesar da indignação de seus conselheiros, resolveu dar continuidade à expansão ultramarina e ao projeto de chegar à Índia. De início, determinou que Bartolomeu Dias preparasse os navios necessários para tal viagem. Ao reforçar o madeirame das caravelas e misturar velas latinas com redondas, Dias praticamente inventou a nau — navio com o qual os lusos fariam suas novas e mais importantes descobertas.

Mas, quando a *São Gabriel* e a *São Rafael* ficaram prontas, D. Manoel decidiu que o comando da frota seria entregue ao fidalgo *Vasco da Gama* — literalmente um "filho de algo": de Estêvão da Gama, governador de Sines, cidade do Alentejo. A decisão se deveu não só ao fato de que D. Manoel estava disposto a se reaproximar da nobreza como de sua conclusão de que seria preciso mais do que um marinheiro experiente para lidar com os sofisticados rajás indianos. Gama tornou-se assim o primeiro comandande luso a desempenhar funções diplomáticas e militares. O comando técnico da expedição foi dado ao piloto Pero de Alenquer e a Nicolau Coelho, capitão da caravela *Bérrio*.

Com quatro navios e 170 homens, Gama partiu de Lisboa em 8 de julho de 1497. Em agosto, chegou ao Cabo Verde, de onde zarpou para sudoeste, em direção ao mar aberto — conforme as indicações de Bartolomeu Dias, que se separou da frota e seguiu para Elmina. Ao fim da tarde de 22 de agosto, quando se encontrava próxima à costa do Brasil, a frota de Gama avistou aves que pareciam estar "indo para a terra". Gama não pôde segui-las, pois logo inverteu seu rumo para o leste, em direção à última ponta da África. Em 18 de novembro, depois de uma árdua batalha contra o mar, a frota de Vasco da Gama tornou-se a segunda expedição a dobrar o cabo agora chamado da Boa Esperança.

O dia da chegada de Vasco da Gama à Índia, 22 de maio de 1498, marca, de acordo com certos historiadores, o "início da era da dominação européia na História". Ainda assim, foi um começo marcado por uma certa humilhação: quando Gama se encontrou com o Samorim (abaixo), o rei de Calicute estava coberto de "grandes brincos de ouro, com rubis de muito preço, diamantes e duas pérolas, uma do feitio de uma pêra e maior que uma grande avelã; tinha nos braços argolas de ouro adornadas de jóias de grande valor; as pernas também estavam adornadas, e um dedo do pé tinha um anel de rubi de grande fogo e estima. Os dedos das mãos estavam cheios de rubis e esmeraldas e diamantes, de modo que não havia preço que pagasse as riquezas que o adornavam". Como presente, Gama ofereceu açúcar, azeite e bacias de cobre.

No dia 14 de março de 1498, Gama chegou a Sofala, na atual costa de Moçambique. A Sofala do Ouro (ou *Sofâlat ed-dhahab*) era o último porto ao qual chegavam os navegadores árabes e hindus. Dali para o sul, o oceano era tabu para eles. Os lusos há muito tinham ouvido falar de Sofala, que fora visitada, por via terrestre, por enviados do rei D. João II. Gama sabia que, ao chegar ali, tudo que tinha a fazer era seguir as milenares rotas da navegação comercial que uniam a costa oriental da África à Índia.

Ainda assim, a tarefa foi difícil: a frota portuguesa foi recebida com desconfiança nos portos árabes de Sofala e Mombaça, no atual Quênia. Mas em Melinde (também no Quênia), o sultão local forneceu um piloto árabe a Gama. Esse homem talvez fosse o lendário Ahmed Ibn Majid, um dos maiores navegadores de todos os tempos. Fosse quem fosse, ele ensinou a Gama os segredos que logo provocariam a derrocada do império marítimo que os árabes tinham construído no oceano Índico.

Em maio de 1498, Vasco da Gama chegou a Calicute. Gama ficou três meses em Calicute, em conflito constante com os mercadores árabes. O Samorim de Calicute — que Gama julgou ser cristão (mas que, obviamente, era hindu) — sentiu-se ofendido com os presentes baratos que ele lhe ofereceu e recusou-se a negociar. Em agosto, Gama partiu de Calicute, deixando atrás de si uma aura de desconfiança. Mas, um ano depois, ao chegar em Lisboa, com apenas dois navios e 55 homens, pôde comunicar ao rei D. Manoel a mais espetacular das "descobertas" lusitanas: a Índia podia ser alcançada por mar. Meses depois, Gama ensinaria a Pedro Álvares Cabral como fazê-lo.

3

A SEMANA DE VERA CRUZ

Embora a maior parte dos lugares percorridos pela esquadra de Cabral nos 10 dias em que esteve na região de Porto Seguro já tenha sido reconhecida, a identificação do pequeno rio à margem do qual portugueses e tupiniquins mantiveram seu primeiro contato continua gerando polêmica. A maior parte dos historiadores que se dedicaram ao tema acha que esse rio é o atual Caí, localizado no município do Prado, ao sul do Monte Pascoal e da ponta de Corumbaú (veja mapa no encarte colorido). No entanto, o capitão-de-mar-e-guerra Max Justo Guedes, do Serviço de Documentação da Marinha, e um dos mais respeitados especialistas no assunto, defendeu em 1975 a tese de que o regato do primeiro encontro é o atual rio do Frade, localizado a cerca de 15 km ao norte do Caí, próximo à atual cidade de Trancoso.

NOTA

Os eventos descritos neste capítulo baseiam-se na descrição feita pela Carta de Pero Vaz de Caminha. As citações entre aspas, exceto onde indicado, foram tiradas da Carta.

Por volta das 6 horas da manhã de quinta-feira, 23 de abril de 1500, quando o sol nasceu na ampla baía em frente ao morro batizado de Monte Pascoal, a esquadra comandada por Pedro Álvares Cabral estava ancorada a 36 quilômetros da costa. Assim que o dia raiou, a frota se pôs cuidadosamente em marcha, avançando cerca de 30 quilômetros em três horas, no rumo daquelas praias banhadas de luz. Por volta das 10 da manhã, com a profundidade do mar já em 9 braças (cerca de 19 metros), os navios lançaram âncoras, fundeando outra vez. Estavam agora a 3 quilômetros da praia, em frente à foz de um *pequeno rio*, cujas águas se jogavam contra o mar, depois de serpentear em meio ao emaranhado de uma floresta densa.

Então, na areia, às margens daquele regato, entre a mata e o mar, os portugueses viram "homens que andavam pela praia, obra de sete ou oito". A um sinal do comandante-mor, os capitães dos outros navios embarcaram em batéis e esquifes (barcos pequenos, tipo escaler) e se dirigiram à nau capitânia para uma breve reunião. Logo após ela, Cabral decidiu enviar à terra o experiente Nicolau Coelho, que estivera na Índia com Vasco da Gama. Junto com ele, seguiram Gaspar da Gama, "o judeu da Índia" — que, além do árabe, falava os dialetos hindus da costa do Malabar —, mais um grumete da Guiné e um escravo de

Angola. Os portugueses conseguiam reunir, assim, a bordo de um escaler, homens dos três continentes conhecidos até então, e capazes de falar seis ou sete línguas diferentes.

Mas, quando o batel de Nicolau Coelho chegou à foz do pequeno rio, não foi possível travar diálogo algum com os nativos — agora já "cerca de 18 ou 20". Os rugidos de um mar que começava a se encapelar impediram que houvesse "fala ou entendimento". De todo modo, os tripulantes do batel concluíram que nunca haviam visto homens como aqueles, "pardos, todos nus, sem nenhuma coisa que lhes cobrisse suas vergonhas". Não era a primeira oportunidade em que os portugueses se deparavam com selvagens desnudos, mas era a primeira vez que tais homens não eram negros.

No instante em que o escaler tocou o fundo arenoso, os nativos se aproximaram do bote, "todos rijamente, trazendo nas mãos arcos e setas. Nicolau Coelho fez sinal para que pousassem os arcos. E eles os pousaram". E então, mesmo que não pudessem ouvir o que gritavam uns para os outros, portugueses e indígenas fizeram sua primeira troca. Sem descer do barco, Coelho jogou à praia um gorro vermelho, típico dos marujos lusos, um sombreiro preto e a carapuça de linho que usava na própria cabeça.

Os nativos retribuíram dando-lhe um cocar "de penas de ave, compridas, com uma copazinha pequena de penas vermelhas e pardas como de papagaios", além de um colar de contas brancas, talvez búzios, talvez pérolas miúdas. De certa forma, estava iniciando-se ali uma aliança entre aquela tribo e os portugueses. Ela iria se prolongar por cerca de 70 anos.

Os indígenas com os quais Nicolau Coelho travou o primeiro contato eram, se saberia mais tarde, da tribo Tupiniquim. Pertenciam à grande família Tupi-Guarani, que, naquele início do século XVI, ocupava praticamente todo o litoral do Brasil. Os tupiniquins eram cerca de 85 mil e viviam em dois locais da costa brasileira: no sul da Bahia, da altura de Ilhéus até a foz do rio Doce (já no atual estado do Espírito Santo), e numa estreita faixa entre Santos e Bertioga, no litoral norte de São Paulo.

Como os demais tupis-guaranis, tinham chegado às praias do Brasil movidos não apenas por um impulso nômade, mas por seu envolvimento em uma ampla migração de fundo religioso. Partindo de algum ponto da bacia do rio Paraná, no território hoje ocupado pelo Paraguai (ainda que alguns estudiosos acreditem que o movimento talvez tenha começado na Amazônia), os tupis-guaranis iniciaram uma longa marcha em busca da "Terra Sem Males". Liderados por "profetas" — chamados de caraíbas —, eles haviam chegado à costa brasileira ao redor do ano 1000 da Era Cristã. Mas, ao invés do paraíso, depararam, cinco séculos depois, com aqueles estranhos homens, barbudos e pálidos, vindos do leste — junto com o sol, que agora se encontrava no alto do céu.

Abandonando momentaneamente a perspectiva da proa, pode-se reler o instante daquele primeiro encontro pela perspectiva da praia, pela ótica daquele grupo de nativos nus que vislumbrou, surpreso, a aproximação de velas enfunadas nas quais se realçava o assombroso símbolo da cruz da Ordem de Cristo.

No México, crônicas astecas escritas em época pouco posterior à chegada de Cabral ao Brasil comprovavam que, ao aportar no golfo de Vera Cruz, em 1519, os navios de Hernán Cortez foram vistos como "montanhas flutuantes que andavam sobre as águas" — e os homens que as pilotavam tomados por deuses. O que acharam e sentiram os tupiniquins do sul da Bahia ao depararem com o mar coalhado de naves portentosas, em cujo bojo viajavam homens vestidos e peludos, armados de ferro e de fogo?

O fato desses alienígenas brancos terem sido denominados de "caraíbas" parece ser o indicativo fiel de que os índios do Brasil compartilharam da mesma convicção que tivera a tribo de Montezuma: a de que estavam diante de seres sobrenaturais. E essa amarga ironia se constituiu, de acordo com o escritor americano Henry Miller, na maior e mais grandiosa chance de "redenção" — de si próprios e do mundo — que os europeus jamais desfrutaram, e que trataram de desperdiçar irremediavelmente.

É exemplar o próprio caso dos tupiniquins. Por volta de 1530, quando a colonização do Brasil se iniciou na prática, eles se uniram aos portugueses, na guerra contra os tupinambás-tamoios, aliados dos franceses. Foi uma aliança inútil: após vencerem os inimigos iniciais, os lusos logo se esqueceram do auxílio que os tupiniquins lhes haviam prestado. Por volta de 1570, a tribo já estava virtualmente extinta. Muitos de seus membros foram mortos por ordem de Mem de Sá, o terceiro governador-geral do Brasil.

Mas, naquele primeiro dia, tudo correu bem entre os nativos e os estrangeiros. Trazendo consigo os presentes que recebera, Nicolau Coelho retornou para a nau capitânia, "por ser já tarde e não poder haver fala por causa do mar". Voltou, então, a se reunir com o comandante-mor e com os demais capitães.

Naquela noite, choveu e ventou de sueste — tão forte que algumas das naus chegaram a se desgarrar, embora não fossem longe. A sexta-feira, 24 de abril, amanheceu suave e límpida mas, após o susto da noite anterior, os pilotos aconselharam o comandante a zarpar em busca de "um bom pouso", onde a armada pudesse reabastecer-se de lenha e de água. Assim, por volta das 8 da manhã, a frota ergueu as âncoras e içou as velas e partiu para o norte. Naquele momento, cerca de 60 nativos já se achavam na praia, esperando uma nova visita, que não veio.

Com os batéis e esquifes amarrados à popa, a armada se pôs em marcha cautelosamente, afastando-se dos afiados recifes do Itacolomi, que ficam em frente à ponta hoje chamada Corumbaú. As caravelas seguiam próximas à costa; as naus, bem mais ao largo. A uma velocidade média de 3 nós (uns 10 km/h), a frota avançou ao longo da costa, contemplando "grandes barreiras, umas vermelhas, outras brancas". Eram as fabulosas falésias de Trancoso e de Porto Seguro: paredões imponentes, de argilas alvas e arenitos ferruginosos, que se despencam de 40 metros de altura, em permanente erosão. Avistadas do mar desde longe, essas encostas sedimentares rebrilham, ao nascer do sol, numa miragem de tons róseos. São os "costões do Brasil", o pano de fundo multicor das praias inaugurais da nação.

O segundo dia da frota cabralina no Brasil desenrolou-se todo ao longo dessa cortina rochosa, rompida ape-

93

nas pela foz de rios de águas claras e curvas mansas — como o rio da Barra, localizado entre Trancoso e Arraial da Ajuda, e o rio Buranhén, às margens do qual se ergue hoje a cidade de Porto Seguro. O rio da Barra parece ter sido o antigo "rio Brasil", que já aparece no mapa de Cantino feito em 1502, sendo o mais antigo a representar o Brasil.

A busca por um bom ancoradouro prolongou-se por todo o dia 24. Somente ao final da tarde, depois de percorridas 10 léguas de costa (ou cerca de 65 km), a frota encontrou "um arrecife com um porto dentro, muito bom e muito seguro". As caravelas ancoraram então na foz do rio Mutari, próximo ao recife da Coroa Vermelha, a uns 12 quilômetros ao norte da atual localidade de Porto Seguro. As naus fundearam a 2 quilômetros da praia, onde a profundidade era de seguras 11 braças (uns 23 metros).

O Primeiro Encontro

Com o crepúsculo tingindo a cena de dourado, Afonso Lopes, piloto da nau capitânia e "homem vivo e destro", embarcou num esquife e foi mandado "sondar o porto por dentro". No interior daquela baía, deparou "com dois daqueles homens da terra, mancebos e de bons corpos", que pescavam em uma *almadia*. De imediato, o piloto os capturou. À cena assistiram, da praia, dezenas de outros nativos que por ali "andavam com seus arcos e flechas, porém deles não fizeram uso". Lopes, então, conduziu os dois nativos para bordo da nau capitânia, "onde, já de noite, foram recebidos com muito prazer e festa" — e com pompa surpreendente.

Caminha chama as canoas indígenas de almadia, *palavra originária do árabe* al-ma'adiã *e que
era usada para designar embarcações compridas e estreitas.*
Alcatifa *também é palavra de
origem árabe* (al-qaTifã). *Trata-se
de um grande tapete.*
A origem do termo "albarrada"
(al-barrãn), *que quer dizer
"jarra", também é árabe. O mesmo
acontece com "recife"* (ar-raçaf),
*termo igualmente utilizado por
Caminha. Isso demonstra a grande
influência que a dominação árabe
exerceu sobre a língua e os costumes
lusos, ainda bastante intensa no
século XVI.*

Sob a luz bruxuleante de tochas e archotes, os dois jovens guerreiros — um deles carregando seu "arco com seis ou sete flechas" — foram levados à presença de Cabral. O comandante-mor "estava assentado em uma cadeira de espaldar alto", colocada, na falta de um estrado, sobre uma bela *alcatifa*. Seguindo o cerimonial que regia os encontros dos lusos com soberanos do Congo e mercadores árabes da costa oriental da África, Cabral estava "bem vestido e com um colar de ouro mui grande ao pescoço". Sancho de Tovar, Simão de Miranda, Nicolau Coelho, Aires Correia e Pero Vaz de Caminha reuniram-se em torno do capitão "assentados no chão, sobre essa alcatifa".

A visão daqueles nobres portugueses — herdeiros dos heróis da batalha de Aljubarrota — pouco impressionou os dois jovens nativos. Eles "não fizeram nenhum sinal de cortesia, nem de falar com o capitão, ou com quem quer que fosse". Por outro lado, o impacto que causaram nos portugueses parece ter sido bem maior. Aquele, na verdade, foi — mais do que o confuso episódio da manhã anterior — o primeiro encontro entre indígenas brasileiros e navegantes lusos. E foi preservado para a posteridade em mínimos detalhes. De fato, a precisão meticulosa com a qual Pero Vaz de Caminha tratou de narrá-lo não configura apenas uma lição de rigor jornalístico, mas de exatidão antropológica. "A feição deles é serem pardos, maneira de avermelhados, de bons rostos e bons narizes, bem-feitos. Andam nus, sem nenhuma cobertura. Não fazem o menor caso de cobrir ou mostrar suas vergonhas, e nisso são tão inocentes quanto em mostrar o rosto."

Os adereços que levavam nos beiços, o espantoso penteado de um deles, seus enfeites e plumas — tudo Caminha descreve com frescor e minúcia. Os lusos lhes mostram um papagaio: eles o reconhecem. Uma ovelha: eles a ignoram. Uma galinha: eles se espantam. Da despensa do capitão-mor lhes trazem "pão e pescado cozido, confeitos, mel e passas de figo". Tudo lhes repugna: em quase nada tocam. Do pouco que provaram, tudo cuspiram. O vinho lhes foi oferecido numa taça: mal molharam os lábios nele, logo o afastaram. Em uma *albarrada* lhes touxeram água: "Lavaram as bocas com ela e a lançaram fora." Era água trazida de Portugal, já há 45 dias armazenada num tonel.

Ao verem um castiçal de prata e o colar de ouro do capitão, os jovens guerreiros apontam para eles e, a seguir, para a praia, "como querendo dizer que ali havia ouro e prata", segundo Caminha. Mas, a seguir, ele mesmo completa: "Isso nós assim pensamos, por assim o desejarmos." De todo modo, logo em seguida, os garotos indígenas demonstram entusiasmo muito maior — uma alegria infantil — diante de um simples rosário de contas brancas.

E então, por ser já tarde, os dois nativos se deitaram para dormir, em pleno convés — "sem nenhuma preocupação de cobrirem suas vergonhas". Caminha observa, assim, que eles não só "tinham suas cabeleiras bem raspadas e feitas" como eram não "fanados": ou seja, não eram circuncisados. Tal sinal foi, de certa forma, um alívio: ao contrário do que ocorria com certas tribos da costa da África, aqueles homens não tinham sofrido influência árabe.

O sábado, 25 de abril, também amanheceu radioso. Tendo a ancoragem sido reconhecida por Afonso Lopes na noite anterior, Cabral ordenou que todas as naus entrassem na baía, logo considerada um porto "tão grande, tão formoso e tão seguro" que poderia "abrigar mais de duzentos navios e naus". De fato, tal baía — que, desde 1817, se chama Cabrália — possui cerca de 12 quilômetros de comprimento e 5 de largura. Assim que a frota ancorou, o capitão-mor ordenou que Nicolau Coelho e Bartolomeu Dias "baixassem à terra e levassem aqueles dois homens, com seus arcos e flechas, mas isso depois que fizera presentear a cada um deles uma camisa nova, uma touca vermelha e um rosário de contas brancas de osso, que eles levaram nos braços, mais cascavéis (*guizos*) e campainhas".

Toda a cena, do encontro à luz de tochas da noite anterior aos presentes de despedida, remete a vários outros encontros iniciais que os portugueses tiveram com outros povos, em outras latitudes, mas se assemelha especialmente ao episódio no qual Vasco da Gama, ao chegar à baía de Santa Helena, na costa ocidental da África, próximo ao Cabo da Boa Esperança, capturou ali um nativo, levou-o para a nau capitânia, jantou com ele, deixou-o dormir a bordo e, no dia seguinte, "o vestiu muito bem e o mandou pôr em terra".

De acordo com o historiador Jaime Cortesão, houve, porém, uma diferença fundamental entre os dois episódios: ao contrário do que Gama fizera — e, antes dele, todos os navegantes lusos que percorriam a costa da África —, Cabral e seus homens não mostraram especiaria alguma para os índios do Brasil. Para Cortesão, esse indício é forte o bastante para comprovar que os lusos, naquele instante, já sabiam que estavam numa terra sem qualquer relação com a África ou com a Ásia. Outro analista preferiu ver, no final do episódio, ecos da fábula do "homem feliz, que nem camisa possuía" — e cuja felicidade foi substituída pela avidez no dia em que ganhou uma. De fato, ao longo das três décadas seguintes, os nativos do Brasil se tornariam progressivamente dependentes dos presentes lusos.

De qualquer modo, as ressonâncias daquele simples desembarque de fato são múltiplas. No batel estavam dois futuros personagens dos *Lusíadas*: Coelho, o navegador da Índia, e Bartolomeu Dias, o trágico herói do Cabo das Tormentas. A eles juntou-se Pero Vaz de Caminha, o narrador irretocável.

Na ilustre companhia de Coelho, Dias e Caminha, também seguiu para terra "para lá ficar um mancebo degradado, criado de D. João Telo, a quem chamam Afonso Ribeiro". Ribeiro, assassino confesso, era um dos 20 degredados que embarcaram na frota de Cabral. Junto com outro, cujo nome se desconhece, ele de fato seria deixado no Brasil, "para andar lá com eles (*os nativos*) e saber de seu viver e maneiras" — mas não a partir daquele momento, já que nem nesse dia nem nos seguintes os índios permitiriam que ele ficasse em terra.

Logo que o batel chegou à praia, os nativos que tinham dormido a bordo saíram correndo para esconder seus presentes. Mas 20 outros estavam ali — e eles logo começaram a ajudar os portugueses a encher de água seus tonéis. Ao contrário do que Gama prudentemente sugerira, Cabral não havia renovado seus estoques de água nas ilhas do Cabo Verde, como faziam todas as expedições. Alguns historiadores vêem nessa "temeridade" de Cabral um sinal claro de que ele tinha "deliberado propósito de fazer escalas em terras ocidentais". De outro modo, antes de chegar à Índia, já estaria sem uma gota a bordo.

À medida que os tonéis eram enchidos, Coelho e Dias distribuíam guizos e miçangas aos selvagens. Esses presentes baratos, sobras da viagem anterior à Ásia, chegavam agora a um terceiro continente — no qual, como na África e ao contrário da Índia, fariam grande sucesso.

Caminha pôde observar com mais detalhes as pinturas corporais e os adereços dos nativos. Quem mais lhe chamou a atenção foi um velho "que andava por galanteria cheio de penas pegadas pelo corpo, de tal maneira que parecia um São Sebastião cheio de flechas". Foi também naquele instante que Pero Vaz viu as primeiras mulheres do Brasil. Ficou impressionado com elas, "tão moças e tão gentis, com cabelos muito pretos e compridos, e suas vergonhas tão altas, tão cerradinhas e tão limpas das cabeleiras que, de as muito bem olharmos, não tínhamos nenhuma vergonha". A seguir, com o batel carregado de tonéis repletos de água fresca, Caminha e seus companheiros retornaram às naus — trazendo o rechaçado Afonso Ribeiro.

Na tarde daquele sábado, como num feriado, "o capitão-mor saiu em seu batel, com todos nós e com os outros capitães em seus batéis, a folgar pela baía, defronte à praia, que se apresentava deserta". Os botes ancoraram no banco de corais, de tons rubros, batizado de Coroa Vermelha. Ali, "onde ninguém pode ir a não ser de barco ou a nado", sentaram-se todos e descansaram por mais de uma hora. Os marinheiros pescaram com uma rede. Ao cair da tarde, retornaram para suas respectivas naus.

O dia seguinte, 26 de abril, era domingo de Pascoela (o primeiro após a Páscoa). Cabral mandou então que um altar "mui bem arranjado" fosse erguido da parte emersa do ilhéu da Coroa Vermelha, sob um esperável (espécie de tenda, ou dossel, de forma cônica). Ali, frei D. Henrique cantou a missa, junto com os demais frades e capelães. Cabral levava consigo "a bandeira de Cristo, sob cuja obediência viemos, com a qual saíra de Belém, e que manteve sempre alta, durante o Evangelho".

Enquanto os portugueses escutavam a missa, "com muito prazer e devoção", a praia encheu-se de nativos. Eles sentaram-se lá, surpresos com as complexidades do ritual, que observavam de longe. Quando D. Henrique acabou a pregação, os indígenas se ergueram e começaram a soprar conchas e buzinas, "saltando e dançando por um bom tempo". Após o almoço, Cabral voltou a se reunir com os capitães em sua nau e decidiu-se então que a "naveta" de mantimentos, cujo capitão era Gaspar de Lemos, seria enviada de volta a Portugal com a notícia do "achamento da nova terra". Estabeleceu-se também que nenhum indígena seria capturado: os lusos já tinham concluído que as informações obtidas de reféns não eram confiáveis. "Melhor fariam dois degredados que aqui se deixasse."

Após o almoço a bordo, e como era dia de folga, Cabral sugeriu que fossem todos à praia, ao encontro dos índios que ainda estavam lá. Com os batéis embandeirados, os lusos ancoraram na foz do Mutari, à sombra de palmiteiros e bananeiras (das quais se serviram), de frondosos jacarandás, perobas, cedros e imensas árvores de pau-brasil. Diogo Dias, irmão de Bartolomeu, "homem gracioso e de prazer", levara consigo um gaiteiro. Como percebera que os nativos dançavam sem se tocar, "meteu-se com eles a dançar, tomando-os pelas mãos; e eles folgavam, e riam, e andavam com ele muito bem ao som da gaita". A seguir, o mesmo Diogo deu várias piruetas e saltos mortais, o que encantou os selvagens.

O dia passou-se de forma tão prazerosa que, ao retornar à noite para a nau, dando início ao diário que enviaria em forma de carta para D. Manoel, Caminha fixou as primeiras imagens do "bom selvagem" — cujos ecos se prolongariam pelos dois séculos seguintes, quando os filósofos Montaigne e Rousseau defenderiam veementemente a superioridade do "homem natural" sobre o civilizado.

De fato, ao observar que os nativos eram "muito bem cuidados e muito limpos, tão gordos e tão formosos que mais não podem ser", Caminha comparou-os a "aves e animais monteses, aos quais o ar faz melhor pena e melhores penugens que aos domesticados". Achou, por isso, que os nativos "não tinham casas nem moradas", vivendo ao ar livre. Esse equívoco Caminha logo corrigiria, pois, naquela mesma tarde, Afonso Ribeiro seguiu os tupiniquins até sua aldeia, que ficava a uns 10 quilômetros da praia, e viu suas choupanas cobertas de palha. Mas, outra vez mais, não lhe permitiram pernoitar lá.

Das observações tomadas por Caminha ao longo do dia — especialmente sobre o instante em que um índio se dirigiu a Cabral sem perceber que ele era o chefe, "pois disso não entendem nem tomam conhecimento"—, e também sua conclusão de que aqueles homens pareciam não ter "nenhuma idolatria, crença ou adoração" surgiria o provérbio, defendido mais tarde por outros cronistas, segundo o qual os "gentios do Brasil" não pronunciavam as letras *f, l* e *r* "porque não possuíam fé, lei ou rei".

A Terra dos Papagaios

Na segunda-feira, dia 27 de abril, os portugueses voltaram à praia para se abastecerem de mais água. E o escambo prosseguiu: as toucas vermelhas da maruagem — um hábito dos marinheiros genoveses que o lendário almirante Pessanha introduzira em Portugal desde 1317 — continuavam entusiasmando os indígenas. Eles as trocavam por graciosos papagaios e por araras soberbas. Junto com a pedra semipreciosa que Cabral ganhara de um velho índio, "um pano de penas de muitas cores assaz belo" e vários arcos, flechas e cocares, pelo menos duas dessas araras e alguns papagaios logo seriam enviados ao rei D. Manoel, juntamente com muitas outras amostras de animais, plantas e minerais.

A chegada dessas araras multicores, "do tamanho de um braço e mais", foram reportadas em duas cartas escritas por banqueiros e diplomatas italianos, residentes em Lisboa. Escrevendo para seus sócios em Florença, em junho de 1501, o banqueiro Bartolomeu Marchioni se refere à chegada a Portugal da caravela *Anunciada*, que ele próprio armara — e que trazia a bordo "aves maravilhosas, que nos são desconhecidas". Mais importante ainda é a carta que Domenico Piasani, embaixador veneziano junto à corte

102

espanhola, escreveu para o Doge de Veneza, em 27 de julho de 1501, na qual ele diz: "Acima do Cabo da Boa Espe-rança, para as bandas do sudoeste, descobriram uma nova terra. Chamam-na Terra dos Papagaios, por serem os papa-gaios do tamanho dum braço e mais, dos quais viram dois. Julgam que esta terra é terra firme."

De fato, em 1502, no mapa-múndi feito sob as ins-truções do espião italiano radicado em Lisboa *Alberto Can-tino* — o primeiro a representar o Brasil —, o litoral da nova terra aparece bordado por um friso de araras enormes e rutilantes. O mesmo se repetiria no mapa feito por Lopo de Homem, em 1519. A impressão que tais aves causaram, entre os marinheiros e na corte, foi tal que a Terra de Vera Cruz, antes de virar Terra do Brasil, foi, por cerca de três anos, conhecida como Terra dos Papagaios.

MESTRE JOÃO E O CRUZEIRO DO SUL

No fim da tarde de segunda-feira, Afonso Ribeiro e dois outros degredados, acompanhados por Diogo Dias, o favorito dos índios, foram outra vez até a aldeia. Mesmo não tendo estado lá, a descrição que Caminha fez da taba e de suas choças, baseada no relato dos que a visitaram, é perfeita: "Na povoação havia nove ou dez casas, tão com-pridas, cada uma, como esta nau capitânia. Eram de madeira, cobertas de palha; todas duma só peça, sem ne-nhum repartimento." Dentro da choça, havia muitas redes e, sob elas, pequenas fogueiras. "Em cada das ditas casas se acolhiam 30 ou 40 pessoas." Embora fossem mais uma vez impedidos de pernoitar na aldeia, os portugueses foram convidados para cearem lá. Junto com seus anfitriães, comeram raízes e frutas que, ao que tudo indica, eram inhame, milho, aipim e abacaxi.

Ao retornarem para as naus, Diogo Dias e os degredados hão de ter deparado com a presença, na praia já quase escura, dos pilotos Pero de Alenquer e Pero Escolar e, mais do que a deles, com a do bacharel em artes e medicina, físico, astrônomo e astrólogo conhecido como Mestre João. Figura misteriosa, de contornos indecisos, Mestre João foi identificado, três séculos mais tarde, como sendo João Faras, cirurgião do rei D. Manoel, um erudito espanhol, natural da Galícia e responsável pela tradução em castelhano de um clássico da geografca antiga, o *De Situ Orbis*, de Pompónio Mela.

Durante os primeiros seis dias em que a armada esteve ancorada em Cabrália, Mestre João permanecera incomodamente trancado a bordo "de um navio muito pequeno e muito carregado, no qual não há lugar para coisa alguma". Estava doente, "por causa de uma perna, que tenho muito mal, que de uma coçadura se me fez uma ferida, maior que a palma da mão".[1] O fato de Mestre João, mesmo sendo médico, ter contraído uma chaga — fruto provável do desleixo com a higiene pessoal — é um sinal elucidativo das condições sanitárias a bordo das naus do século XVI.

Na manhã daquela segunda-feira, enquanto os marujos colhiam lenha e água, Mestre João descera à terra pela primeira vez. Fora medir, com seu grande astrolábio de madeira, a altura do sol ao meio-dia, de modo que a armada pudesse saber a latitude em que se encontrava. A medida encontrada foi de "aproximadamente 17º". De fato, a baía de Cabrália se localiza a 16º 21' 22" de latitude sul.

Na carta que enviaria ao rei D. Manoel, Mestre João esclarece que, durante toda a viagem, tentara medir o grau de latitude, mas "o balanço do navio" sempre provocava um erro de 4 ou 5 graus. Por isso, a frota tinha, até então, recorrido às chamadas *Tábuas da Índia* — espécie de balestilha usada pelos pilotos árabes que Vasco da Gama capturara no Índico e que trouxera, junto com os próprios, para que os portugueses pudessem comparar a eficácia dos dois instrumentos. Com as medições feitas em terra, o astrolábio provou ser melhor.

À noite, com a lua nova, Mestre João tornou a desembarcar. Já houve quem o comparasse com Pero Vaz de Caminha: enquanto este descreveu a terra e seus habitantes, Mestre João se tornaria o "narrador do céu austral e de suas estrelas". De fato, naquela noite, ao observar as estrelas do Hemisfério Sul, Mestre João chamaria sua principal constelação de "Cruzeiro do Sul". Tornou-se, assim, o primeiro a batizar com este nome o conjunto de estrelas que o navegante italiano Alvise de Cadamosto fora o primeiro a ver, em 1455, ao longo das costas da África e que iria adquirir para os navegadores a mesma importância que a Estrela do Norte tinha nos céus setentrionais.

A carta de Mestre João se tornaria ainda mais famosa e polêmica porque, em determinado trecho dela, o médico-astrônomo diz: "Mande Vossa Alteza trazer o mapa-múndi que tem Pero Vaz Bisagudo e poderá ver Vossa Alteza o sítio onde se localiza essa terra." Este trecho tem sido utilizado como "prova" de que o Brasil já era conhecido antes da descoberta "oficial" de Cabral. Mas o mais provável é que Mestre João tenha associado a terra de onde escrevia ao desenho de algumas das ilhas imaginárias que abundavam nos mapas de então.

Da Idade da Pedra à Idade do Ferro

Na terca-feira, 28 de abril, logo após o desjejum, os portugueses foram à terra cortar mais lenha e lavar roupa nas águas límpidas do Mutari. Embora tenham passado 10 dias junto a esse belo regato — e já estivessem em viagem há quase dois meses —, não há notícia de que qualquer dos homens de Cabral tenha tomado banho. Embora "o asseio do corpo" já fosse recomendado por médicos do século XV, um deles, ao referir-se especificamente aos lusos, comentara: "Quem se lembra de seguir conselhos contrários a seus hábitos?"

Enquanto os marujos cortavam e recolhiam lenha, dois carpinteiros foram encarregados de fazer uma grande cruz. Ao verem os machados com os quais eles derrubaram uma árvore alta — talvez um cedro —, os indígenas ficaram estupefatos. Afinal, como Caminha não deixaria de notar, eles não tinham "coisa que de ferro seja, e cortam sua madeira com pedras feitas como cunhas, enfiadas num pau entre duas talas, mui bem atadas".

De um minuto para o outro, um bando de nativos que, com seus machados de sílex, ainda vivia na Idade da Pedra, foi bruscamente apresentado à Idade do Ferro. Na verdade, muito mais que miçangas ou guizos, seriam as ferramentas de ferro dos europeus que levariam os nativos

O cerne moído do pau-brasil (Cae-salpinia echinata) era usado para tingir linhos, sedas e algodões, con-cedendo-lhes um "suntuoso tom carmesim ou purpúreo": a cor dos reis e dos nobres. Uma espécie seme-lhante, a Caesalpinia sappan, nativa de Sumatra, já era conheci-da na Europa desde os primórdios da Idade Média, para onde era trazida pelos venezianos, via Tur-quia ou Egito. A variedade encon-trada no Brasil, porém, era muito superior e substituiu por completo a equivalente oriental. O tempo gasto para cortar o pau-brasil (cuja es-pessura média do tronco era de 1m) foi calculado por Bernardino José de Sousa no livro O Pau-Brasil na História Nacional.

do Brasil a prestar inúmeros serviços aos estrangeiros. A pri-meira dessas tarefas seria justamente o corte do *pau-brasil*. Com machado de pedra, a árvore que iria inserir o Brasil no circuito mercantil da Europa levava cerca de três horas para ser derrubada. Com machado de ferro, um tronco de igual dimensão podia ser cortado em apenas 15 minutos.

A quarta-feira, 29 de abril, foi toda gasta na tarefa de esvaziar o navio de mantimentos de sua carga, que foi distribuída entre as outras naus. Desde a viagem que Bar-tolomeu Dias fizera ao Cabo das Tormentas, em 1488, os portugueses costumavam se desfazer do navio de manti-mentos em plena viagem. Vasco da Gama incendiara a sua naveta de mantimentos em 1498.

O último dia de abril, quinta-feira, 30, foi de grande celebração entre nativos e navegantes. Indo à praia apanhar mais lenha e mais água, os lusos depararam com uma pequena multidão de cerca de 400 ou 450 nativos, não apenas dispostos a ajudá-los mas, pela primeira vez, inteiramente desarmados e andando "já mais mansos e seguros entre nós do que nós entre eles". Ao som de um tamborim tocado por um marujo, os nativos "dançaram e bailaram, de maneira que são muito mais nossos amigos do que nós deles". Na hora em que os lusos se recolheram às naus, muitos dos nativos quiseram seguir com eles, mas apenas quatro foram autorizados a dormir a bordo. "De esquivos tinham-se tornado

107

metidiços", observou o historiador Capistrano de Abreu em seus comentários sobre a *Carta* de Caminha, publicados em 1907.

A Segunda Missa e a Primeira Cruz

A sexta-feira, primeiro dia de maio e penúltimo da esquadra de Cabral no Brasil, foi reservada para o erguimento da cruz feita na manhã anterior. Toda a tripulação foi autorizada a deixar as naus e, "cantando em maneira de procissão", com os estandartes da Ordem de Cristo bem erguidos à sua frente, mais de mil homens seguiram em fila pelas margens do Mutari, em direção ao local "onde nos parecera ser melhor fincar a cruz, para ser melhor vista". Cerca de 150 indígenas logo se juntaram à romaria — e seria a cruz tão grande (talvez uns 7 metros) e pesada que vários deles ajudaram os marinheiros a carregá-la. A cruz foi fincada no meio da baía, com as armas reais de D. Manoel pregadas a ela. Quando os portugueses se ajoelharam à sua sombra, os agora cerca de 80 nativos que estavam ali fizeram o mesmo.

Então D. Henrique e seus freis rezaram a segunda missa no Brasil. Os índios a acompanharam, levantando-se, se ajoelhando e alçando as mãos sempre que os portugueses o faziam. Após a cerimônia, frei Henrique subiu em uma cadeira, pregou o Evangelho e falou da missão "tão santa e virtuosa" que aqueles homens estavam desempenhando. Em menos de 20 dias, quase metade deles estariam mortos, engolidos por um naufrágio no Cabo da Boa Esperança. Dali a 8 meses, mortos também estariam quase todos aqueles freis — que, agora que a missa acabara, distribuíam aos índios os crucifixos de estanho que Nicolau Coelho levara para a Índia em sua primeira viagem.

Embora a cruz alçada na praia fosse um símbolo da devoção daqueles navegantes à fé cristã e à Ordem de Cristo, ela foi fincada com dois outros propósitos. O primeiro era assegurar a posse da terra em nome de D. Manoel. O segundo — e mais importante — era assinalar para os futuros navegantes lusos o local onde não só havia uma boa aguada como o ponto exato em que dois degredados seriam deixados.

O fato de Cabral não ter trazido consigo nenhum padrão de pedra — com os quais, desde os tempos de Diogo Cão, os lusos assinalavam a posse de novas terras — já foi apontado como uma prova de que o descobrimento do Brasil foi fortuito e que a expedição não pretendia "descobrir novas terras, mas subjugar as já conhecidas". Isso talvez seja um fato. Mas, por outro lado, é preciso lembrar

que a posse sobre aquele território já estava legalmente assegurada desde a assinatura do Tratado de Tordesilhas — independentemente da colocação de qualquer padrão.

O que parece certo é que foi graças ao fato de aquela cruz ter sido fincada na praia que o novo país acabou sendo batizado por Cabral como "ilha de Vera Cruz". Ao retornar a Portugal, um ano mais tarde e já com a certeza de que tinham visitado um novo continente, Cabral e seus capitães a chamariam de "Terra de Vera Cruz". O rei D. Manoel, porém, — certo de que a designação "vera cruz" (ou cruz verdadeira) só podia ser aplicada à chamada "cruz de Mamelar", uma relíquia sacra que possuía, encaixada nela, uma lasca da "verdadeira" cruz na qual Cristo fora sacrificado — decidiu mudar o nome do país para "Terra de Santa Cruz". Mas tal designação também não "pegou": os marujos recém-retornados preferiam chamá-la de "Terra dos Papagaios". Esse nome tampouco iria durar muito, já que em breve o país seria conhecido como Brasil — não apenas por causa da árvore que possuía em abundância, mas também em função da antiga e lendária "ilha do Brasil".

A NAU DAS SAUDADES

No sábado pela manhã, a armada preparou-se para partir: a frota de Cabral, no rumo de Calicute; a nau dos mantimentos, em direção a Portugal. Nesse pequeno navio de 100 tonéis, tripulado por 80 homens, seguiam todas as amostras que haviam sido recolhidas na nova terra. Entre arcos, flechas, cocares, bodoques e pedras de pouco valor, foram embarcadas também as primeiras toras de pau-brasil a chegar à Europa, além das duas araras que tanto espanto causaram na corte. Surpresa ainda maior provocaria o tupiniquim que também seguiu no navio de Gaspar de Lemos.

O jesuíta Simão de Vasconcelos, um dos únicos autores a se referir ao fato, escreveu em 1658: "Foi ele (*o nativo*) recebido com alegria do rei e do reino. Não se fartavam os grandes e os pequenos de ver e ouvir o gesto, a fala e os meneios daquele novo indivíduo da geração humana. Uns o tomavam por um semicapro; outros por um fauno ou por alguns daqueles monstros antigos, entre os poetas celebrados." Como os portugueses tinham decidido não fazer reféns, é provável que esse nativo tenha embarcado por vontade própria. Tal suposição fica ainda mais evidente quando se sabe que dois jovens tupiniquins seguiram para a Índia como pajens de Aires Correia e Simão de Miranda. Como seus patrões, eles não passariam do Cabo da Boa Esperança.

Sob a responsabilidade de Gaspar de Lemos seguiram também as cartas que Cabral, todos os capitães, vários escrivães (entre os quais o escrivão oficial da armada, Gonçalo Gil Barbosa), os principais religiosos e os fidalgos mais nobres escreveram para o rei D. Manoel. Todas elas — com exceção das cartas de Mestre João e a chamada *Relação do Piloto Anônimo*, além, é claro, da carta escrita por Pero Vaz de Caminha — desapareceram no grande incêndio que se alastrou por Lisboa em 1580, ou então submergiram no ostracismo ao qual Cabral foi relegado após seu retorno da Índia. Se algum papel escapou dessas duas calamidades, o terrível terremoto de 1755 se encarregou de destruí-lo.

Além das cartas "oficiais", o navio também levaria para Portugal dezenas, talvez centenas, de mensagens particulares, enviadas pelos soldados e pelos marujos a seus familiares. Pode-se conjecturar que os que sabiam escrever na armada — e não deviam ser muitos — devem ter ganho um bom dinheiro registrando mensagens saudosas e singelas. Já houve quem tenha chamado o navio de Gaspar de Lemos de "a nau das saudades", pois a maioria dos reme-

111

tentes dessas cartas jamais retornaria para casa — entre eles o próprio Pero Vaz de Caminha.

OS DEGREDADOS E OS DESERTORES

Pouco depois de Gaspar de Lemos zarpar para o norte, em direção ao reino, a esquadra de Cabral partiu para sudeste, rumo à pimenta, à canela e ao gengibre. No instante em que os navios içaram as velas, Afonso Ribeiro e o outro degredado, deixados em terra, se puseram a chorar em tão altos brados "que até os selvagens se comoveram profundamente, também chorando junto a eles", de acordo com a narrativa do cronista João de Barros.

Se Pero Vaz de Caminha não se refere ao destino dos degredados — assunto especialmente constrangedor para ele, como se verá —, relata, por outro lado, que, na noite de sexta-feira, dois grumetes desertaram da nau capitânia, fugindo num esquife. Em um perfeito contraponto com a sina dos degredados, eles decidiram ficar por livre e espontânea vontade nas matas da baía de Cabrália.

Na verdade, embora Caminha se referisse a apenas dois, talvez fossem cinco os desertores — pelo menos de acordo com a carta que Alberto Cantino enviou, em 17 de outubro de 1501, ao duque de Ferrara, Hercules D'Este. Segundo Cantino, que interrogara, nas tabernas portuárias de Lisboa, marujos recém-chegados da expedição de Cabral, "em um lugar que se chama Santa Cruz, por ser terra deleitável, de bons ares e abundante em dulcíssimos frutos, cinco marinheiros da frota d'el-rei fugiram de bordo e nela se deixaram ficar".

112

Da carta do espião italiano se depreende que os encantos do Brasil foram o motivo que levara os grumetes a desertar. Mas a explicação pode estar também nas agruras de seu próprio cotidiano a bordo. De acordo com o depoimento do navegante Pyrard de Laval, "se ao segundo toque do apito eles (*os grumetes*) não acodem prontamente, o guardião lhes descarrega grandes golpes de bastão, porque esses grumetes são a gente mais rasteira do navio, e só servem para içar os cabos. Fazem todo o serviço pesado e ajudam como criados dos marinheiros, que lhes batem e os repreendem muito". Nunca se soube do destino dos desertores.

Vinte meses após seu comovente choro na praia, Afonso Ribeiro e seu companheiro foram resgatados pela expedição que D. Manoel mandara para reconhecer a nova terra — e na qual ia, como piloto, o florentino Américo Vespúcio. Levados de volta para o reino, os dois condenados tiveram que comparecer perante o tabelião Valentim Fernandes para dar um depoimento minucioso sobre sua permanência de quase dois anos na Bahia. Não seriam eles os únicos degredados da frota de Cabral a prestar bons serviços para a Coroa: João Machado e Luís de Moura foram deixados em Melinde, com a missão de irem por terra descobrir o lendário reino de Preste João, o suposto rei cristão da Etiópia. O carpinteiro Antônio Fernandes seria deixado em Quiloa, no atual Quênia, onde em 1501 pode dar muitas informações à frota chefiada por João da Nova.

Mas, de acordo com o historiador Jaime Cortesão, nenhum degredado iria desempenhar um papel histórico tão importante quanto Afonso Ribeiro. Segundo Cortesão, foi a partir do relato de Ribeiro que Américo Vespúcio redigiu a carta *Mundus Novus* — na qual rebatia frontalmente a tese de Colombo de que as terras recém-descobertas eram parte das Índias. De todo modo, como se verá, Vespúcio não baseou sua teoria apenas no relatório que obteve, em primeiríssima mão, deste degredado, mas serviu-se também da conversa que mantivera algumas semanas antes com o próprio Pedro Álvares Cabral.

A Carta de Pero Vaz de Caminha

Embora a carta de Américo Vespúcio viesse a se tornar um grande sucesso na Europa renascentista — vendendo tanto quanto folhetim e adquirindo força suficiente para fazer com que o nome de seu autor fosse usado para batizar o novo continente —, ela não é tão precisa e tão bem redigida quanto a carta que Pero Vaz de Caminha escreveu em Porto Seguro e enviou para o rei D. Manoel. O texto de Caminha é a fonte mais confiável e detalhada para a reconstituição dos primeiros dias no Brasil.

No instante em que Caminha pegou da pena e sentou-se a bordo da nau capitânia para relatar o que vira, havia mais de meio século que os portugueses exercitavam e afinavam a arte de registrar os fatos mais relevantes ocorridos em suas viagens marítimas. Seguiam a trilha aberta pelo italiano Cadamosto. Ainda assim, quase nenhum desses relatos fora redigido por profissionais.

Caminha não era o escrivão oficial da viagem de Cabral— cargo ocupado por Gonçalo Gil Barbosa. Ele fora escalado para ser o contador da feitoria de Calicute. Mas tinha um motivo forte para dirigir-se ao rei, e ele fica claro nas últimas linhas de sua carta: Caminha queria que D. Manoel perdoasse seu genro, Jorge Osouro, que fora condenado ao degredo na insalubre ilha de São Tomé, na África, em frente à costa do atual Gabão. Osouro fora condenado por ter assaltado uma igreja e ferido um padre em 1496.

Caminha era membro da "burocracia letrada e média, mais próxima da burguesia do que da autêntica nobreza".[2] Ele nascera no Porto, na quinta década do século XV, filho de Vasco Caminha, que havia ocupado vários cargos fiscais, entre os quais o de mestre da balança da Casa da Moeda do Porto e "recebedor-mor dos dinheiros de Tanger". Cavaleiro das casas de D. Afonso V, de D. João II e de D. Manoel, Pero Vaz deveria ter por volta dos 50 anos quando embarcou na frota de Cabral.

Embora estivesse ligado às ciências contábeis, Caminha era um bom escritor, requintado e perspicaz, em pleno domínio de sua arte. Sua carta capturou com minúcia e fluência o alvorecer de uma nação. Não se sabe o efeito que a narrativa exerceu sobre D. Manoel. Sabe-se apenas que, ao ser informado que Pero Vaz fora morto no ataque dos árabes à feitoria de Calicute, o rei atendeu ao último desejo do primeiro cronista do Brasil: Jorge Osouro foi perdoado de seu crime em 1501.

Tendo ou não comovido D. Manoel, o fato é que a carta de Pero Vaz de Caminha logo submergiu na obscuridade. Ao contar a história do descobrimento do Brasil nas décadas subseqüentes, os cronistas reais se utilizariam da chamada *Relação do Piloto Anônimo*, cuja primeira edição foi publicada já em 1507, em italiano, numa coletânea de cartas de viagem organizada por Fracanzano da Montalboddo, professor de literatura na cidade de Vicenza. Junto com as cartas de Caminha e de Mestre João, a *Relação* é uma das três únicas fontes documentais que restaram da viagem de Cabral. Ao contrário das duas primeiras, porém, é somente graças a ela que se pode reconstituir, passo a passo, o que houve com a frota cabralina após os 10 dias que foram batizados de Semana de Vera Cruz.

Cabral Enfrenta o Cabo Maldito

Ao zarpar de Porto Seguro, a frota de Cabral navegou pelos menos mil quilômetros para o sul, ao longo da costa brasileira, sem que se findasse "a variedade de suas formas e a riqueza de seus perfis".[3] Tal visão deu a Cabral e a seus homens a certeza de que a terra que eles tinham acabado de descobrir era firme. Quando a esquadra enfim se afastou do litoral — fechando seu breve parêntese brasileiro em meio à missão que a conduzia à Índia —, parece ter deixado ali a sorte que até então a acompanhara.

Por volta do dia 5 de maio, a armada iniciou a segunda parte da "volta do mar" e, afastando-se do Brasil provavelmente na altura do Cabo Frio, dirigiu-se para sudeste. No dia 12 de maio, um cometa "com uma longa cauda cor de fogo"[4] surgiu no céu e permaneceu visível pelas 10 noites seguintes. No sábado, dia 23, quando a frota se achava nas proximidades do Cabo da Boa Esperança, desencadeou-se uma terrível tormenta. O desespero tomou conta dos tripulantes. "Se queres aprender a orar, faça-te ao mar", diz um provérbio da época.

A odisséia dos navegadores portugueses pelos mares da Terra encontrou seu Homero na figura de um marujo caolho e temperamental de nome Luís Vaz de Camões — um dos maiores poetas da língua portuguesa. Em 1569, depois de viajar pela Índia e pela China, Camões retornou a Lisboa trazendo consigo a versão original de Os Lusíadas. *Foi este seu grande poema épico que concedeu aos descobrimentos lusos a imortalidade referendada pelas obras-primas. Embora Camões tivesse ido para a Índia numa nau comandada por Fernão Álvares Cabral — sobrinho de Pedro Álvares —, em nenhum momento de seu poema ele citou o descobridor do Brasil.*

"O mar ficou tão grosso que parecia impossível escaparem as naus de serem comidas", escreveu Fernão Lopes de Castaneda em sua *História do Descobrimento da Índia*. "As ondas se levantavam tão altas que parecia que as punham (*as naus*) nas nuvens e depois no abismo, com os vales que abriam. De dia era a água cor de chumbo e de noite cor de fogo, e o ruído que fazia o madeirame era medonho e tudo era tão espantoso que o não pode crer quem não o viu."

Na tormenta naufragaram as naus de Aires Gomes, Simão de Pina e Luís Pires — levando mais de 300 homens, cujos "corpos serviram de alimento para os peixes".[5] Ali afundou também a caravela de Bartolomeu Dias, com 80 tripulantes. O Cabo vingava-se de seu descobridor, de acordo com a estrofe que Camões escreveu em *Os Lusíadas*:

Aqui espero tomar, se não me engano,
De quem me descobriu, suma vingança
E não se acabará só nisso o dano
Da vossa pertinaz confiança
Antes em vossas naus vereis a cada ano;
Se é verdade o que meu juízo alcança
Naufrágio, perdições de toda a sorte,
Que o menor mal de todos seja a morte.

EM CALICUTE, O REINO DAS ESPECIARIAS

No dia 16 de julho, cinco navios restantes da esquadra de Cabral — com as velas rotas e os homens apavorados — se reencontraram na ilha de Quiloa, na costa do atual Quênia. A nau de Diogo Dias sobreviveu à tempes-

117

tade, mas desgarrou-se e foi parar em Mogadíscio, na Somália, tornando-se o primeiro navio europeu a singrar o Mar Vermelho.

Em fins de julho, Cabral foi recebido com desconfiança por Ebraeno, xeque de Sofala. Partiu então para Melinde, onde aportou em 2 de agosto e obteve do xeque Omar (irmão de Ebraeno) um piloto hindu que o conduziu até a Índia. No dia 13 de setembro, seis meses e quatro dias após deixar Lisboa, a reduzida esquadra cabralina enfim chegou a *Calicute*, seu destino.

Por três meses, Cabral e seus homens permaneceram nesse opulento centro comercial do Índico, com o qual os mercadores árabes comercializavam havia séculos. A riqueza da cidade maravilhou os portugueses. Mas as armas dos navios lusitanos espantaram ainda mais os hindus e seus parceiros árabes. Quando Cabral decidiu demonstrar-lhes como funcionavam seus canhões "eles se maravilharam grandemente, dizendo que contra nós ninguém tinha poder senão Deus", conta a *Relação do Piloto Anônimo*.

Em fins de setembro, exigindo que membros da elite religiosa de Calicute ficassem a bordo como reféns, Cabral desembarcou para encontrar-se com Glafer, o Samorim — ou *Samudri-Raj*, o "Senhor do Mar" — de Calicute. Cabral entregou-lhe a carta enviada por D. Manoel (escrita em árabe pelo fidalgo luso Duarte Galvão). Presenteou-o também com muitas moedas de ouro e prata, sedas e brocados — tudo em valor muito superior aos potes de açúcar e azeite e às bacias de cobre que, dois anos antes, Vasco da Gama lhe havia ofertado. O Samorim, feliz com os ricos presentes que recebeu, deu a Cabral permissão para insta-

Eis a descrição de Calicute feita na Relação do Piloto Anônimo: *"A cidade de Calicute é grande, e não tem muros que a cerquem; no seu interior tem muitos lugares vazios, e as casas, afastadas umas das outras, são cobertas de pedra e cal, chapeadas de relevos, e em cima cobertas de folhas de palmeiras. As portas são muito grandes e os portais muito bem trabalhados. Em torno das casas há um muro dentro do qual estão muitas árvores e lagos de água em que seus moradores se banham, e também os poços de onde bebem. Pela cidade há outros grandes lagos, onde o povo miúdo vem se lavar: e é isso preciso, porque a cada dia lavam duas ou três vezes o corpo todo."*

Atualmente Calicute tem cerca de 200 mil habitantes e fica a 700 km ao sul de Bombaim, na chamada costa do Malabar.

lar uma feitoria no porto da cidade. O documento foi gravado em folhas de prata com um selo de ouro.

Mas, no dia 16 de dezembro de 1500 — quando Cabral permanecia ancorado em Calicute com muitas dificuldades para carregar suas naus de especiarias, devido à franca oposição e à concorrência mercantil dos árabes —, a feitoria foi atacada por cerca de 300 árabes e hindus. Mais de 50 portugueses foram mortos, entre os quais o feitor Aires Correa, o escrivão Pero Vaz de Caminha e seis freis franciscanos. Durante dois dias, Cabral ordenou que Calicute fosse ininterruptamente bombardeada, "matando infinita gente e causando muito dano à cidade".[6]

A frota de Cabral zarpou no dia 20 de dezembro rumo ao reino de Cochim, 200 km ao sul, na mesma costa do Malabar, onde o rajá, rival de Calicute, permitiu ao comandante carregar as naus de pimenta, gengibre e canela. Em 16 de janeiro de 1501, com uma feitoria instalada em Cochim e os navios recheados de especiarias, Cabral partiu de volta para Lisboa.

Embora a decisão de Pedro Álvares Cabral de incendiar o navio encalhado por Sancho Tovar pareça ter sido acertada (os lusos não permitiam que outros povos, nem mesmo os europeus, estudassem seus navios), a perda desta nau pode ter sido o motivo pelo qual, nos anos seguintes, Cabral passasse a ser considerado, por cronistas como João de Barros, um homem "desafortunado nas coisas do mar" — um conceito que por certo influiu no processo que acabaria o conduzindo ao ostracismo.

Quanto a Sancho Tovar, a impossibilidade de uma união entre as coroas de Portugal e Espanha — estabelecida pela morte prematura do filho que D. Manoel tivera com a filha dos Reis Católicos — fez com que ele se tornasse uma figura insignificante para as pretensões de D. Manoel. Assim, após seu retorno a Lisboa, o nome de Sancho Tovar simplesmente desaparece das crônicas.

No início da viagem de volta, depois da frota ter cruzado o oceano Índico, a nau abarrotada de Sancho Tovar encalhou num banco de areia em frente à cidade de Melinde (hoje no Quênia). Cabral determinou que ela fosse incendiada. A esquadra então ficou reduzida a cinco navios: a nau-capitânea, as naus de Nicolau Coelho, de Simão de Miranda e de Pero de Ataíde, mais a caravela *Anunciada*, de Nuno da Cunha.

A armada dobrou o famigerado Cabo da Boa Esperança em 22 de maio de 1501, desta vez sem problemas. Com bom tempo e correntes favoráveis, os navios de Cabral conseguiram chegar a Bezeguiche (hoje Dakar), no dia 2 de junho. Ali, encontraram o navio de Diogo Dias — que se desgarrara da frota havia mais de um ano, durante a tempestade no Cabo da Boa Esperança (em maio de 1500). Restavam apenas sete homens a bordo, quase todos doentes e esqueléticos. Ao rever a frota de Cabral, um deles morreu de emoção.

Ao chegar no porto de Bezeguiche, localizado junto à foz do Senegal — o antigo "rio do Ouro" que D. Henrique buscara por quase meio século —, Pedro Álvares Cabral não encontrou apenas a caravela de Diogo Dias. Por uma extraordinária coincidência, ancorados ali estavam também os três navios da nova expedição que o rei D. Manoel enviara para explorar mais detalhadamente o território que o próprio Cabral havia descoberto um ano antes. Como piloto desta nova esquadra, que havia partido de Lisboa em maio de 1501, estava um florentino rico e culto de nome Américo Vespúcio.

Três anos antes, seguindo a rota descoberta por Cristóvão Colombo, Vespúcio estivera no Caribe e na América Central. Em Bezeguiche, ele pôde comunicar aos homens de Cabral que, durante o tempo em que eles se encontravam ausentes do reino, uma outra expedição portuguesa, sob o comando de Gaspar Corte Real, zarpara de Lisboa em maio de 1500 e retornara em outubro com a notícia de que havia descoberto, a 50° de latitude norte, uma terra com árvores enormes — batizada de Terra Verde. Era uma parte do atual território canadense hoje chamado de Terra Nova.

Foi então que, ao reunirem pela primeira vez tantas informações, Cabral e seus pilotos concluíram que deveria haver uma continuidade entre as vastidões setentrionais divisadas por Corte Real, as Antilhas espanholas já visitadas por Vespúcio e aquela costa caprichosamente recortada que eles próprios haviam avistado após zarpar de Porto Seguro rumo à Índia. A partir daquelas informações, Cabral e seus homens começaram a compartilhar a certeza de que haviam estado em um novo continente.[7] Por enquanto, esse "novo mundo" não tinha nome.

Assim, em 1501 — ano que inaugurava a segunda metade do Segundo Milênio da era Cristã —, o "achamento" do Brasil iria começar a revelar aos europeus a existência de uma nova e belíssima porção do planeta.

Ao mesmo tempo em que mandou a frota de Vespúcio explorar a terra descoberta por Cabral, D. Manoel — ainda sem saber do destino de Pedr'Álvares — enviara outra esquadra para a Índia, sob o comando de João da Nova. Ao chegar em Melinde — sem ter cruzado com nenhum

dos navios de Cabral —, João da Nova encontrou, dentro de um sapato enterrado na areia, uma carta deixada por Pero de Ataíde, na qual ele relatava o que ocorrera em Calicute. Foi um achado de grande importância, pois João da Nova pôde dirigir-se a Cochin e evitar as terras do Samorim. Dias depois, em Quiloa, João da Nova encontrou o degredado Antônio Fernandes, ali deixado por Cabral. Fernandes também lhe daria muitas informações.[8]

A armada de João da Nova era a terceira que D. Manoel enviava à Índia. Em breve, a rota que ligava Lisboa à costa do Malabar, no sul da Índia, se tornaria uma das mais longas e mais trágicas das rotas comerciais. Seria conhecida como a "Carreira da Índia". Nela morreriam centenas de homens a cada ano. E, embora as riquezas obtidas no Oriente fossem fabulosas, a jornada era tão cara que a empresa seria sempre deficitária.

A Chegada a Lisboa

Em 23 de junho de 1501, o primeiro navio da frota de Cabral chegou a Lisboa. Era a caravela *Anunciada*, que fora armada por Bartolomeu Marchioni. Quatro dias depois, Marchioni já escrevia para seus sócios em Florença, relatando o que se passara na viagem. No mesmo dia, dois outros italianos redigiam suas missivas em Lisboa: eram Giovanni de Affaitati, representante comercial de sua família, dona de um banco em Cremona, e Mateo Cretico, secretário do embaixador de Veneza na Espanha, Domenico Pisani. As cartas tratavam basicamente do que se passara na Índia, embora se referissem de passagem ao Brasil.

Cabral só chegou a Lisboa um mês mais tarde, a 21 de julho de 1501. O rei o recebeu em Santarém, em seu suntuoso palácio de verão. Há de ter sido um encontro amistoso: além de ter cumprido (mesmo que por vias transversas) sua missão diplomática, Cabral trouxera navios repletos de especiarias. Elas renderam tanto dinheiro para Portugal que há indícios de que as cotações do mercado foram bruscamente alteradas em Veneza.

Em 28 de agosto de 1501, desculpando-se por fazê-lo tão tarde, D. Manoel escreveu para os reis da Espanha, Fernando e Isabel, seus sogros e rivais. O ponto central da carta, evidentemente, era a Índia. Mas D. Manoel mencionou a terra descoberta por Cabral, chamada de "Santa Cruz", na qual "as gentes (*viviam*) nuas como na primeira inocência, mansas e pacíficas". O rei atribuiu a descoberta a "um milagre do Nosso Senhor", pois "a nova terra é mui conveniente e necessária à navegação da Índia".

Vespúcio Visita o Brasil e Batiza a América

Mais ou menos na mesma época, dois meses após separar-se de Cabral na foz do Senegal, a frota de Américo Vespúcio chegou ao Brasil, percorrendo praticamente toda a extensão do litoral, do Rio Grande do Norte à Argentina. No retorno a Portugal, em setembro de 1502, o florentino enviaria para Francesco d' Medici a carta intitulada *Mundus Novus.* Nela, narrou sua viagem e defendeu a tese de que as terras que visitara eram parte de um novo continente — e não limites ocidentais do Japão e da Índia, como Cristóvão Colombo, cada vez mais perturbado, seguia afirmando.

Graças ao sucesso dessa carta, o novo continente veio a se chamar América.

Mas nem mesmo a imensa revolução geográfica que esse novo conceito provocou na visão planetária dos europeus teria força suficiente para integrar aquele "novo mundo" à vasta rede comercial da qual o próprio Cabral, ao final de sua viagem, ajudara a lançar as bases e os fundamentos. A ausência de metais preciosos e de especiarias no território em que, à primeira vista, existiam apenas nativos nus vivendo em choupanas de palha faria com que a aquela terra fosse solenemente desprezada por Portugal.

Ao escrever um relatório para o rei D. Manoel, ao final de sua jornada exploratória, o próprio Américo Vespúcio iria selar por meio século os destinos do Brasil. "Nessa costa, não vimos coisa de proveito, exceto uma infinidade de árvores de pau-brasil (...) e já tendo estado na viagem bem dez meses, e visto que nessa terra não encontrávamos coisa de minério algum, acordamos nos despedirmos dela".

O desinteresse por aquela que — pelo motivo apontado por Vespúcio — viria a ser chamada de "Terra do Brasil" foi tal que a Coroa preferiu, pelo menos oficialmente, abrir mão de sua colonização. O novo país seria pouco mais do que uma mera escala dos navios rumo às riquezas da Índia.

Dois anos mais tarde, com a pimenta ainda ardendo nas imaginações, D. Manoel decidiria arrendar o território descoberto por Cabral a um consórcio de cristãos novos (judeus convertidos ao cristianismo). Assim, pelos 10 anos

124

seguintes, o Brasil se tornou uma imensa fazenda extra-
tivista de pau-brasil — quase propriedade particular de
Fernão de Noronha, líder do consórcio, e de seus sócios. Só
depois de se encontrar desesperadamente atolada nas dívi-
das resultantes da própria ambição de ampliar suas fron-
teiras é que a Coroa voltaria os olhos para o Brasil.

CABRAL EM DESGRAÇA NA CORTE

Ao longo desses anos, o próprio Pedro Álvares caíra
em desgraça na corte, jamais voltando a navegar ou a manter qualquer vínculo não só com o Brasil mas com o
próprio império ultramarino que ajudara a criar. Pouco
mais de um mês após retornar a Lisboa, Cabral recebera do
rei uma "tença" (ou pensão) anual de 30 mil reais, quase
14 vezes menos do que os 400 mil reais dados em 1498 a
Vasco da Gama. A diferença se explica porque, no caso de
Gama, a pensão também foi um prêmio por ter sido ele o
primeiro a chegar à Índia por via marítima.

Logo em seguida à chegada de Cabral, D. Manoel
começou a armar a chamada "Esquadra da Vingança", que
seria enviada para desferir novo e violento ataque contra
Calicute. O descobridor do Brasil foi escalado para fazer
parte dela. Não se sabe exatamente o que houve, mas o fato
é que, ao recusar-se a aceitar o cargo de subcomandante,
Cabral se indispôs com o rei.

Os motivos podem ter sido dois. O primeiro é que
da esquadra faria parte uma frota comandada por um certo
Vicente Sodré — e, como ela teria autonomia de movi-
mentos no Índico, Cabral se indignou com o que julgou ser

125

uma diminuição de seus poderes. O segundo motivo, mais provável, é que, baseado nos poderes conferidos por uma carta régia assinada em 2 de outubro de 1501, Vasco da Gama — nomeado Almirante das Índias — teria exigido que o comando da armada fosse exclusivamente seu.

O fato é que quando a "Esquadra da Vingança" deixou Lisboa na primavera de 1502, seu único chefe era Vasco da Gama. Ao mesmo tempo, Cabral partia para o auto-exílio em Santarém. Embora documentos provem que o rei continuou lhe pagando a pensão anual, Cabral jamais foi perdoado. Seu nome desaparece por completo das crônicas oficiais e nada se sabe sobre as duas últimas décadas de sua vida, exceto que ele estava doente das febres que adquirira na Índia.

Pedro Álvares Cabral morreu na obscuridade, por volta de 1520, sem nunca ter retornado à corte — e virtualmente sem saber que revelara ao mundo um território que era quase um continente. Em 1521 morria também o rei D. Manoel I, o monarca que jamais se interessou pela terra descoberta por Cabral.

A REDESCOBERTA DO BRASIL

Na segunda metade do século XVI, quando o rei D. Manoel, o capitão-mor Pedro Álvares Cabral e o escrivão Pero Vaz de Caminha já estavam mortos havia mais de duas décadas, começaria a surgir em Lisboa a tese de que o Brasil fora descoberto por acaso. Tal teoria foi obra dos cronistas e historiadores oficiais da corte. Fernão Lopes de Castanheda, em *História do Descobrimento e Conquista da Índia* (publicado em 1541), João de Barros, autor de *Décadas da Ásia* (de 1552), Damião de Góes, que escreveu a *Crônica do Felicíssimo Rei D. Manoel* (em 1558), e Gaspar Correia, em *Lendas da Índia* (de 1561), afirmaram, todos, que a descoberta de Cabral fora fortuita e involuntária. A tese, tão de acordo com o desprezo que a Coroa reservava ao Brasil, logo se tornou verdade histórica. Tanto que os dois primeiros historiadores do Brasil, frei Vicente do Salvador e Sebastião da Rocha Pita, escrevendo respectivamente em 1627 e 1730, abraçaram e divulgaram a tese do "descobrimento casual".

Embora narrassem fatos ocorridos havia apenas meio século e tivessem acesso aos arquivos oficiais, os cronistas reais descreveram o descobrimento do Brasil com base na chamada *Relação do Piloto Anônimo*. A questão intrigante é que em nenhum momento o "piloto anônimo" faz menção à "tempestade" que, segundo os cronistas

JOÃO DE BARROS

127

reais, teria feito Cabral "desviar-se" de sua rota. Embora a carta de Caminha não tenha servido de fonte para os textos redigidos pelos cronistas oficiais do reino, esse documento também não se refere a tormenta alguma. Pelo contrário: mesmo quando narra o desaparecimento da nau de Vasco de Ataíde, ocorrido duas semanas depois da partida de Lisboa, Caminha afirma categoricamente que esse navio sumiu "sem que houvesse tempo forte ou contrário para poder ser".

Na verdade, a leitura atenta da carta de Caminha e da *Relação do Piloto Anônimo* parece revelar que tudo na viagem de Cabral decorreu na mais absoluta normalidade e que a abertura de seu rumo para oeste foi proposital. De fato, é difícil supor que a frota pudesse ter se desviado "por acaso" de sua rota quando se sabe — a partir das medições astronômicas feitas por Mestre João — que os pilotos de Cabral julgavam estar ainda mais a oeste do que de fato estavam. Embora os navegantes portugueses do século XVI ainda não soubessem calcular a longitude, Cabral e seus homens achavam, ainda de acordo com os cálculos de Mestre João, que estavam próximos ao local onde hoje se localiza Brasília: portanto, quase mil quilômetros mais a oeste.

REESCREVENDO A HISTÓRIA

Mais de 300 anos seriam necessários até que alguns dos episódios que cercavam o descobrimento do Brasil pudessem começar a ser, eles próprios, redescobertos. O primeiro passo foi o ressurgimento da carta escrita por Pero

Vaz de Caminha — que por quase três séculos estivera perdida em arquivos empoeirados. De fato, foi só em fevereiro de 1773 que o guarda-mor dos arquivos da Torre do Tombo, José Seabra da Silva, redescobriu a carta e mandou copiá-la. O documento foi publicado pela primeira vez em 1817, pelo padre Aires do Casal, no livro *Corografia Brasílica*. Ainda assim, a versão lançada por Aires do Casal era deficiente e incompleta: o zeloso padre achou de bom tom eliminar da narrativa os "trechos menos conformes com o decoro". A "redescoberta" do Brasil teria que aguardar mais algumas décadas.

Não por coincidência, ela se iniciou no auge do Segundo Reinado. Foi nesse período cheio de glórias que o país, enriquecido pelo café, voltou os olhos para a própria história. Por determinação de D. Pedro II, o Instituto Histórico e Geográfico Brasileiro (fundado em 1838) foi incumbido de desvendar os mistérios que cercavam o descobrimento do Brasil. Em 1854, na revista do Instituto, um artigo brilhante de Joaquim Noberto de Sousa e Silva lançou a tese da intencionalidade da descoberta de Cabral. Embora bem documentada, a teoria pode ser entendida como fruto direto do orgulho que a nação, no auge do regime escravocrata, começava a sentir de si mesma.

Graças ao estímulo de D. Pedro II logo surgiriam outros estudos, detalhados e elucidativos, feitos por historiadores do porte de Francisco de Adolfo Varnhagen (1816-1878) e, na seqüência, Capistrano de Abreu (1853-1927). Em 1843, nos arquivos da Torre do Tombo, Varnhagen descobriu a *Carta de Mestre João* — que serviria de base para a tese defendida por Joaquim de Sousa e Silva.

129

Dois anos antes, em 1839, Varnhagen descobrira também o túmulo de Pedro Álvares Cabral, em Santarém. O descaso com a tumba quase gerou um conflito diplomático entre Brasil e Portugal.

Ainda assim, a teoria da intencionalidade (defendida por Varnhagen e por Capistrano de Abreu) e a tese da descoberta casual (que em 1956 encontraria no historiador paulista Tomás Marcondes de Souza seu mais brilhante e ativo defensor) não puderam, e talvez jamais possam, ser definitivamente comprovadas. Por mais profundas e detalhadas que sejam as análises feitas sobre os três únicos documentos originais relativos à viagem (as cartas de Pero Vaz de Caminha, do Mestre João e do "piloto anônimo"), elas não são suficientes para provar se o descobrimento de Cabral obedeceu a um plano preestabelecido ou se foi meramente casual.

OS FALSOS E OS AUTÊNTICOS PRECURSORES DE CABRAL

Tão complexa quanto a ainda insolúvel questão da "intencionalidade *versus* casualidade" é a polêmica que cerca os supostos precursores de Cabral. Que a existência do Brasil já era no mínimo suposta ou prevista pelos navegadores lusos do final do século XV é um assunto sobre o qual praticamente não pairam dúvidas. O ponto controverso é: teria algum deles visitado, antes de abril de 1500, a terra da qual Cabral tomou posse no dia 22?

Esta polêmica se aqueceu em 1920, quando o historiador luso Luciano Pereira da Silva passou a defender a tese de que o navegador Duarte Pacheco Coelho estivera no

Brasil em 1498.[1] Pereira da Silva baseou-se numa passagem obscura do guia de navegação *Esmeraldo de Situ Orbis*, que o próprio Duarte Pacheco, um dos maiores pilotos de seu tempo, escreveu em 1505. Nela se lê: "A experiência, que é a mãe de todas as coisas, nos desengana e de toda a dúvida nos tira; e portanto, bem-aventurado Príncipe, temos sabido e visto como no terceiro ano de vosso reinado, o ano do Nosso Senhor de 1498, Vossa Alteza mandou descobrir a parte ocidental, passando além da grandeza do mar oceano, donde é achada e navegada uma terra firme com muitas e grandes ilhas adjacentes a ela."

Na verdade, a ambiguidade do texto não permite afirmar que a viagem tenha de fato se realizado — muito menos que a terra "achada" fosse o Brasil e nem sequer que Duarte Pacheco fosse um dos integrantes da expedição à qual se refere. Tornando o assunto ainda mais nebuloso, alguns historiadores acham que Duarte Pacheco estava também a bordo da frota de Cabral em 1500. Mas como o Duarte Pacheco citado em um dos documentos da viagem de Cabral é chamado de "mancebo" (ou "jovem"), o mais provável é que se tratasse de um homônimo do grande navegador — cuja presença, se verdadeira, não iria passar despercebida de Caminha e dos outros cronistas da expedição.

Embora o tema continue sendo motivo para controvérsias, o mais provável é que Duarte Pacheco não tenha feito parte da armada de Cabral em 1500. Quanto à suposta viagem de 1498, mencionada no *Esmeraldo de situ orbis*, se ela de fato se realizou, é mais provável que tenha sido feita em direção à América do Norte e não ao Brasil.

131

Por outro lado, o certo é que a expedição de Cabral foi, de fato, precedida pela de dois navegadores espanhóis. Embora nos anos 50 essa discussão tenha se revestido de um rancoroso "nacionalismo retroativo"[2] — contrapondo historiadores lusos e espanhóis —, o fato é que tanto Vicente Yañez Pinzón quanto Diego de Lepe navegaram por costas brasileiras entre janeiro e março de 1500. Pinzón, capitão da *Niña* e companheiro de Colombo na descoberta da América em 1492, chegou à Ponta de Mucuripe (no Ceará) em fevereiro de 1500 e costeou o litoral até a foz do Amazonas (do qual foi o descobridor). Lá, encontrou-se com a expedição de Diego de Lepe, que avançaria até o Oiapoque, onde chegou em março.[3]

Ainda assim, apesar de o tema ser ainda hoje tão polêmico, o próprio Capistrano de Abreu (que admitia a precedência de Pinzón e Lepe sobre Cabral) sepultou a questão já em 1900 ao afirmar que as conseqüências práticas dessas viagens espanholas foram irrelevantes e que o "descobrimento sociológico" do Brasil evidentemente coube aos portugueses. A tese de Capistrano também pode ser usada para encerrar a discussão sobre os supostos precursores lusos de Cabral: se alguma expedição portuguesa de fato chegou ao Brasil antes da de Cabral, seu significado histórico foi praticamente nulo. O país só seria integrado ao império ultramarino lusitano após o desembarque de Cabral — e, ainda assim, muito lentamente, como se sabe. De todo modo, o descobrimento do Brasil continua sendo um capítulo aberto na história da expansão ultramarina portuguesa — e isso só aumenta o seu fascínio.

Bibliografia Comentada

Ao contrário do que se costuma supor, o descobrimento do Brasil foi bem documentado e aparece descrito em várias fontes primárias. Essas fontes podem ser divididas em três grandes grupos. O primeiro deles reúne as cartas escritas por membros da expedição de Cabral. No segundo, incluem-se as cartas redigidas pelos banqueiros ou mercadores que financiaram a armação da esquadra. O terceiro grupo de documentos originais é constituído pelas crônicas escritas na segunda metade do século XVI pelos historiadores oficiais do reino de Portugal.

Embora vários integrantes da esquadra de Cabral tenham relatado a descoberta do Brasil para o rei D. Manoel I, apenas três cartas sobreviveram ao tempo. Delas, a melhor é a escrita por Pero Vaz de Caminha. Existem várias edições modernas da *Carta*. Para a elaboração deste livro foram utilizadas as edições preparadas por Jaime Cortesão (Ed. Livros de Portugal, Rio, 1943) e por Carolina Michaelis (Ed. Academia de Ciências de Lisboa, 1934). Existem duas edições atuais: uma feita por Silvio Castro (L&PM, Porto Alegre, 1985) e outra com texto atualizado por Rubem Braga e ilustrações de Caribé (Record, Rio, 1981). Os dois melhores estudos sobre a carta de Caminha são os de Capistrano de Abreu, *Vaz de Caminha e Sua Carta* (Ed. Civilização Brasileira/MEC, Rio, 1976), originalmente publicado em 1907, e o já citado *A Carta de Pero Vaz de Caminha*, de Jaime Cortesão.

A *Carta* de *Mestre João*, redescoberta por F. A. Varnhagen na Torre do Tombo, em Lisboa, em 1843, tem apenas duas páginas e já foi publicada em vários livros. A versão consultada aqui foi a atualizada por Cortesão e publicada no livro citado acima. A chamada *Relação do Piloto Anônimo*, lançada originalmente em italiano em 1550, só foi publicada em português em 1812. A versão utilizada neste livro é a que aparece em *Gloriosa e Trágica Viagem de Cabral*, de Renato Castelo Branco (Ed. do Autor, SP, 1975).

As cartas escritas pelos banqueiros Bartolomeu Marchioni e Giovanni d'Affaitati e a missiva do diplomata Giovanni Cretico foram descobertas e publicadas pela primeira vez pelo brasilianista americano William Brooks Greenlee em 1938, no seu monumental *The Voyage of Pedro Alvares Cabral to Brazil and India* (Hakluyt Society, Londres, 1938). A primeira versão em português dessas cartas foi lançada por T. O. Marcondes de Sousa em *O Descobrimento do Brasil* (Ed. Michalany, SP, 1956). Os livros escritos pelos cronistas oficiais do reino estão citados na página 127, junto com as respectivas datas de suas publicações originais. Todos esses títulos foram reeditados entre 1941 e 1955 pela Divisão de Publicações da Agência Geral das Colônias, com sede em Lisboa.

Os melhores estudos gerais sobre a viagem de Cabral e o descobrimento do Brasil são os seguintes: *O Descobrimento do Brasil*, de Capistrano de Abreu (Ed. Civ. Brasileira/MEC, 1976), o já citado *The Voyage of Pedro Alvares Cabral to Brazil and India*, de William B. Greenlee, *A Expedição de Pedro Álvares Cabral e o Descobrimento do Brasil*, de Jaime Cortesão (Livros Horizonte, Lisboa, 1922), o já citado *O Descobrimento do Brasil*, de T. O. Marcondes de Sousa e o admirável artigo *O Descobrimento do Brasil*, de Max Justo Guedes, que consta do 1º volume da *História Naval Brasileira* (Ed. do Serviço de Documentação Geral da Marinha, Rio, 1975), editada pelo próprio Justo Guedes. A estes títulos, deve-se juntar a monumental *História da Colonização Portuguesa do Brasil*, editada em três volumes por Carlos Malheiro Dias (Litografia Nacional, Porto, 1926), que se constitui na fonte mais documentada para o estudo do tema. Os capítulos mais consultados do livro editado por Malheiro Dias foram: *A Expedição de Cabral*, por Jaime Cortesão, *Do Restelo a Vera Cruz*, de Henrique Lopes de Mendonça, e *A Semana de Vera Cruz*, por Malheiro Dias. O melhor resumo geral dos fatos e das fontes relativos ao descobrimento foi feito por Harold Johnson e Maria Beatriz da Silva no livro *O Império Luso-Brasileiro*, volume 5 da *Nova História da Expansão Portuguesa* (Ed. Estampa, Lisboa, 1992), dirigida por Joel Serrão e A. H. Oliveira Marques. Outra fonte consultada foi o já citado *Gloriosa e Trágica Viagem de Cabral*, de R. Castelo Branco.

Sobre os descobrimentos portugueses, em geral as fontes mais utilizadas neste trabalho foram: *Lisboa Ultramarina* (Jorge Zahar Editor, Rio, 1992, org. por Michel Chandeigne), o clássico *Descobrimentos Portugueses*, de Damião Peres (Portucalense Ed., Porto, 1943), *Os Descobrimentos Portugueses*, obra em sete volumes de Jaime Cortesão (Porto, 1975) e o fascinante *Os Descobridores*, de Daniel Boorstin (Ed. Civ. Brasileira, Rio, 1989), especialmente útil na pesquisa sobre o chamado "comércio mudo" e na questão do Cabo Bojador. Três boas fontes gerais sobre o tema são *A History of Exploration*, de Percy Sykes (Routledge & Kegan Paul, Londres, 1934), *Os Grandes Exploradores de Todos os Tempos* (Seleções do Reader's Digest, Lisboa, 1980) e *African Exploration*, de Tim Severin (Hamlyn, Londres, 1994). Sobre o Infante D. Henrique, as fontes primordiais continuam sendo os dois livros clássicos de Gomes Eanes Zurara: *Crônica da Tomada de Ceuta* e *Crônica do Descobrimento e Conquista da Guiné* (as edições consultadas foram, ambas, publicadas pela Agência Geral das Colônias, Lisboa, em 1941 e 1942, respectivamente). Duas biografias do Infante foram consultadas: a apologética *O Infante D. Henrique*, de Raymond Beazley (Ed. Civilização, Porto, 1868) e *Before Columbus*, de Felipe Armesto (Macmillan, Londres, 1987), radicalmente crítica. Sobre o cotidiano e a alimentação a bordo das naus do século XVI, os livros consultados foram: *O Ponto em que Estamos*, de Paulo Miceli (Scritta, SP, 1994) e *Naus, Caravelas e Galeões* (Quetzal Editores, Lisboa, 1993), além dos clássicos *Voyages*, de Jean Mocquet (Decouvert, Paris, 1986) e *Viagem de Pyrard de Laval* (Ed. Civilização, Porto, 1944). A edição da carta *Mundus Novus*, de Vespúcio, foi publicada pela L&PM

Introdução: *Um Morro ao Final da Páscoa*

1 — "em muita quantidade": citação da *Carta* de Pero Vaz de Caminha.

2 — "nascem pelos penedos do mar": citação feita pelo navegante D. João de Castro em *Roteiro de Goa a Suez* (ed. da Agência Geral das Colônias, 1940).

3 — A afirmação de que Colombo não dormiu durante os 36 dias em que esteve em alto-mar aparece em seus *Diários*, escritos pelo frei Bartolomé de las Casas. A L&PM (Porto Alegre, 1985) lançou uma edição recente dessa obra.

4 — Sabe-se que Pedro Álvares Cabral conduzia a imagem de N. S. da Boa Esperança a bordo da nau com a qual descobriu o Brasil graças a uma carta escrita por Francisco Cabral, "quinto sobrinho do descobridor e herdeiro da Casa de Belmonte", citada na pág. 24 da *Hist. da Col. Portuguesa do Brasil*.

5 — "monte mui alto e redondo": citação da *Carta* de Caminha.

6 — "terras chãs": idem. A edição da *Carta* é a de Jaime Cortesão (ob. cit.).

7 — "(...) em armas e gente luzidia": João de Barros em *Décadas da Ásia*, volume 1, livro 5, pág. 181.

8 — "(...) e até as dobras mouriscas": J. Cortesão em "A Expedição de Cabral", artigo publicado na *História da Colonização Portuguesa do Brasil*.

9 — "alargar, polir e enobrecer", J. Cortesão (ob. cit.).

Capítulo 1: *De Lisboa a Vera Cruz*

1 — "balada da saudade": H. L. Mendonça em *Hist. da Col. Port. do Brasil*.

2 — "Besteiros": soldados armados de bestas. A besta era uma arma medieval, que disparava setas, formada por um cabo, um arco e uma corda.

3 — "ventos sacudidos e finos": João de Barros, *Décadas da Ásia*, pág. 182.

4 — "esburacar suas (...) capa medieval" e "desvairadas línguas": ambas citações de J. Cortesão em "A Expedição de Cabral" (ob. cit.).

5 — "sujando-se uns aos outros": Jean Mocquet em *Voyages*.

6 — "morrer ali tanta gente": Pyrard de Laval em *Viagem de Pyrard de Laval*.

7 — "serra da Estrela": Antônio Villasboas em *Nobiliarchia portuguesa*.

8 — "nas terras de Ceuta": Gomes E. Zurara em *Crônica de D. João I*.

9 — "metedor d'alvoroços": Garcia Resende em *Cancioneiro Geral*, Lisboa, 1472.

10 — "num combate": Pyrard de Laval, (ob. cit.).

11 — A afirmação de que frei D. Henrique de Coimbra foi inquisidor e "presidiu a primeira queima de um judeu em Portugal" é de Capistrano de Abreu, em *O Descobrimento do Brasil* (pág. 94). Foi repetida por H. L. Mendonça em seu artigo "Do Restelo a Vera Cruz", publicado em *Hist. da Col. Port. do Brasil*. Capistrano não cita sua fonte. Mendonça atribui a informação à *Crônica da Província de Arrabida* (tomo I, pág. 601), de autoria de frei Antônio da Piedade.

12 — "mui fedorento": *História Trágico-Marítima*, vários aut. (Lisboa, 1981).
13 — "ao mar" e "à alma": citações de *O Ponto Onde Estamos*, de Paulo Miceli.
14 — "orla ocidental da cristandade": expressão consagrada por Charles R.
Boxer em seu clássico *O Império Colonial Português* (Edições 70, Lisboa, 1969).

Capítulo 2: *Portugal Conquista o Mundo*

1 — "quarto de criança": citação de Daniel Boorstin em *Os Descobridores*.
A expressão "ínclita geração" foi consagrada por Zurara. "Ínclito" significa
ilustre.
2 — "a procurar no Sul": citação de Raymond Beazley em *Infante D. Henrique*.
3 - 6 — Citações de *Crônica dos Feitos da Guiné*, de Gomes Eanes Zurara.
7 — Os livros que mais influenciaram as concepções geográficas de Cristóvão
Colombo foram, além de *Imago Mundi*, de Ptolomeu, *Historia rerum ubique gestarum*, do papa Pio II, e a *História Natural*, de Plínio, o Velho.
8 — "condenado ao exílio": citação de João de Barros em *Décadas da Ásia*.

Capítulo 3: *A Semana de Vera Cruz*

1 — A *Carta de Mestre João* foi encontrada por Francisco Adolfo Varnhagen nos
arquivos da Torre do Tombo em 1843 e publicada por ele na *Revista do Instituto
Histórico e Geográfico Brasileiro*.
2 — "autêntica nobreza": citação de Jaime Cortesão em *A Carta de Caminha*.
3 — citação de Capistrano de Abreu em *O Descobrimento do Brasil*.
4, 5 e 6 — Citações da *Relação do Piloto Anônimo*.
7 — O encontro entre Pedro Álvares Cabral e Américo Vespúcio em Bezeguiche é um dos pontos centrais do livro clássico de Capistrano de Abreu,
O Descobrimento do Brasil. A tese de que foi naquele dia que os portugueses concluíram que as terras descobertas na margem oeste do Atlântico deveriam ser
parte de um novo continente foi primeiro defendida pelo geógrafo alemão
Alexander von Humboldt, em 1799, e aprofundada por Capistrano
em 1900.
8 — A informação de que João da Nova encontrou a carta deixada por Pero de
Ataíde "dentro de um sapato enterrado na areia", na praia de Melinde, é de
João de Barros (*Décadas da Ásia*, livro V, capítulo X, pág. 216). Gaspar Correia
repete a mesma história em *Lendas da Índia*. Embora nenhum dos dois autores
mencione o fato, o local onde o sapato estava enterrado provavelmente fora
assinalado de alguma forma, talvez com uma cruz.

1 — O artigo do prof. Luciano Pereira da Silva "Duarte Pacheco Coelho, Precursor de Cabral" foi publicado no volume 2 da *Hist. da Col. Portuguesa do Brasil.*

2 — A expressão "nacionalismo retroativo" é de Harold Johnson e aparece no livro *O Império Luso-Brasileiro* (ob. cit.).

3 — A comprovação definitiva de que Pinzón e Diego de Lepe estiveram no Brasil antes de Cabral foi feita por Max Justo Guedes, com base em dezenas de fontes primárias, no artigo "As Primeiras Expedições de Reconhecimento da Costa Brasileira", publicado em *História Naval Brasileira* (ob. cit.).